CHEZ LES MADHISTES
LA MISSION MARCHAND

UN DRAME MILITAIRE
FACHODA

10   1

8° Y² .19197

Voyages — Explorations — Aventures

VOLUMES PARUS

VOYAGES — EXPLORATIONS — AVENTURES

CHEZ LES MADHISTES
La Mission Marchand

UN DRAME MILITAIRE
(A) FACHODA

PAR

LOUIS NOIR

PARIS

FAYARD FRÈRES, LIBRAIRES-ÉDITEURS

78, BOULEVARD SAINT-MICHEL, 78

*Je dédie ce livre à mon ami Chalant,
en souvenir du Siam et de la peau du tigre
qui nous a causé d'assez vives émotions, et qui
orne mon cabinet de travail.*

Son ami dévoué,
Louis NOIR.

PRÉFACE

I

LES ARMÉES MERCENAIRES INDIGÈNES ANGLAISES

L'Angleterre vient de donner au monde une preuve incontestable de l'habileté avec laquelle elle sait tirer parti des forces militaires d'un pays envahi par elle, et dont ensuite elle réorganise l'armée à son profit.

Pour elle, un axiome prime tout.

On peut trouver des mercenaires en pays civilisés ; à plus forte raison en pays barbares ou auvages.

Le mercenaire bien payé — relativement — bien administré, bien habillé, bien armé et bien commandé, peut toujours arriver, selon les races, à une certaine somme de valeur militaire.

On confond trop souvent :

Courage,

Bravoure,

Intrépidité, etc.

Une jeune troupe peut manœuvrer très mal,

avoir peu de solidité, faute d'exercice, d'endurance, d'éducation et d'instruction militaire, de cadres expérimentés et d'expérience personnelle du soldat, tout en montrant un grand courage d'élan au feu.

Courage, par son étymologie, signifie agir avec cœur (le cœur au ventre).

La bravoure est un courage solide qui ne se démonte pas dans les revers, qui suppose l'aguerrissement, un brave est brave en toute circonstance.

L'intrépidité est un courage acquis, solide, qui fait que l'homme reste froid, calme, maître de lui devant le danger.

Un bataillon carré reste intrépide (ne trépide pas) devant une charge de cavalerie ; une réserve reste impassible sous le feu de l'ennemi (ne trépide pas).

Or, la valeur est faite d'un ensemble de qualités militaires.

Telle troupe de mercenaires ne sera pas héroïque, chevaleresque, enthousiaste, mais elle aura une certaine somme de qualités qui constitueront sa *valeur* (ce qu'elle vaut) militairement.

Ne lui en demandez pas plus qu'elle ne peut en donner.

Mais elle donnera ce qu'elle pourra, ce qu'elle vaut.

Les Anglais savent très bien cela.

Ils ont donc formulé ce principe :

« On peut toujours arriver à donner au mercenaire étranger une certaine valeur qui, selon les races, est ou médiocre ou très grande. »

Ainsi, aux Indes, les corps de montagnards sicks sont très estimés.

D'autres, ceux du Bengale par exemple, sont loin de les valoir.

Ceci posé, les Anglais ont un second et très sage principe.

Donner toujours aux mercenaires étrangers un solide noyau de troupes nationales.

Ils ont une comparaison très juste :

« Le tranchant d'une cognée, disent-ils, est de pur acier.

« Le corps est de fer.

« Le fer fait masse.

« L'acier tranche.

« Nos cipayes sont le fer.

« Nos régiments nationaux sont l'acier. »

Mais le mauvais recrutement des régiments nationaux, tout aussi mercenaires que les régiments étrangers, a démenti, dans la guerre entre les Afridis indiens, cette comparaison, ordinairement si juste.

Les régiments anglais ont été beaucoup plus mous que les régiments de sicks.

L'Angleterre a subi, dans ces montagnes de

l'Avant-Afghanistan, une série de très doulou-
reux échecs (1).

Le troisième principe qui préside à la formation d'une armée anglaise de mercenaires étrangers est le mélange des éléments.

De cette façon, on évite les complots entre
troupes de même race.

Enfin, les cadres sont anglais et doublés
d'officiers indigènes.

Mais ceux-ci sont tenus en état d'infériorité
manifeste et éclatante.

Les Anglais ne cherchent pas comme nous à
nationaliser leurs mercenaires, à les *affection-
ner*, à les transformer, à leur donner des senti-
timents anglais.

Ils les nourrissent, les paient, les soignent
comme on soigne un cheval (qui a coûté de
l'argent et qui mort serait une perte) ; ils ne de-
mandent en échange que le strict devoir disci-
plinaire, obtenu disciplinairement.

Le turco, le tirailleur sénégalais ou soudanais
prend très vite le sentiment de l'égalité, de
l'honneur ; il aime son drapeau ; il est fier de
son uniforme ; *il est militaire français* et le
dit.

Il se sent l'égal de n'importe quel soldat français.

(1) Lire notre volume à 15 centimes : *Une Révolte
aux Indes.*

Ses officiers et ses sous-officiers français le traitent avec bonté et lui montrent qu'ils l'estiment.

Dans les armées indigènes anglaises, rien de pareil.

Et comment en serait-il autrement, puisque, dans l'armée nationale, l'officier tient le sous-officier à très longue distance et regarde le soldat comme un vendu méprisable.

Aussi les Anglais ne se font-ils aucune illusion sur les sentiment des indigènes qu'ils ne tiennent que par le ventre. »

Ce que redoute le plus un cipaye, c'est d'être licencié.

Où manger après ?

Mais les Anglais se disent que de pareilles armées sont très suffisantes pour faire la police d'une colonie et pour se battre contre des peuplades sauvages ou barbares.

En quoi, ils ont raison.

Pour mon compte, je n'ai jamais douté que, si les madhistes acceptaient une bataille rangée, ils seraient battus.

Ils auraient dû faire une guerre acharnée de partisans.

II

L'ARMÉE ÉGYPTIENNE

Pour marcher contre les madhistes, toutes les forces anglo-égyptiennes disponibles avaient été réunies et envoyées au Soudan.

Dans la Basse-Egypte, il ne restait que les dépôts à peu près vides et deux cent cinquante hommes formant la garde du khédive.

Or, il nous semble bon, au point de vue de l'avenir, d'étudier la force de cette armée égyptienne qui, FORCÉMENT, FATALEMENT, INÉVITABLEMENT, se battera avant peu avec l'armée abyssinienne.

Celle-ci s'est montée à quarante mille réguliers et à soixante mille irréguliers pendant la campagne contre l'Italie.

Ménélick, à cette heure, dispose de dix-huit batteries de campagne.

Il tend à tripler le chiffre de cette artillerie perfectionnée.

Il achète des tirs rapides et des répétitions pour pouvoir avoir des réserves exercées et mettre cent mille réguliers en ligne.

Voyons donc ce que les anglo-égyptiens pourraient lui opposer.

L'armée envoyée contre les madhistes se décomposait ainsi :

Treize bataillons de fellahs.

Un spécial.

Deux composés de réservistes instruits.

Trois composés de recrues levées de force par un système de presse.

Soit dix-neuf bataillons à six compagnies et comptant huit cents hommes chacun à l'effectif réel et combattant.

Ces bataillons manœuvrent bien, tirent bien, sont capables de tenir de pied ferme, mais peu propres à l'offensive.

Mais l'armée compte six bataillons de nègres soudaniens.

Ce sont des Dikas, des Chillouks, des Niours.

Des sauvages, mais animés d'une haine terrible contre les derviches.

Ces bataillons sont meilleurs que ceux qui se composent d'Egyptiens.

C'est le nerf de l'armée indigène.

Soit donc six bataillons.

Ces bataillons nègres n'ont d'autre patrie que le camp.

Ils y vivent avec leurs femmes et leurs enfants, sans autre perspective que de vivre et de mourir soldats, et contents de leur sort.

Leur artillerie comprend une batterie à cheval, deux batteries à pied, et six pièces.

La cavalerie comprend dix escadrons de lanciers à cent cinquante cavaliers.

Mais on compte peu sur eux.

Ces lanciers redoutent beaucoup les terribles cavaliers madhistes.

On l'a vu.

Dans plusieurs engagements, ils ont fui sans vouloir charger.

Enfin il faut compter l'infanterie montée sur chameaux, trois cents hommes.

Cela donne au total une vingtaine de mille hommes pour l'armée soudano-égyptienne et le summum qu'elle puisse atteindre, puisque pas un bataillon ne restait en réserve en Basse-Egypte.

III

LES CORPS ANGLAIS

Les Anglais ont une méthode excellente pour préparer leurs régiments au service si dangereux des Indes, comme climat.

Ils envoient d'abord le régiment qui doit aller aux Indes à Gibraltar ou à Malte et là, ils s'accoutument au dépaysement et à la chaleur, au changement de nourriture et d'hygiène.

Ayant déjà trois bataillons en Egypte, les Anglais en font venir quatre de Gibraltar et de Malte, soit donc sept bataillons.

Ces bataillons à huit compagnies, mille hommes, vingt-quatre officiers (mille combattants effectifs).

Ces troupes sont solides et très exercées à la cible, ce qui est la grande qualité de l'infanterie anglaise.

Chaque bataillon possède une mitrailleuse bien servie.

Comme cavalerie, le 21ᵉ régiment de lanciers à six cents hommes.

Comme artillerie, la 32ᵉ batterie d'artillerie montée.

Une compagnie d'artillerie à pied.

Un détachement du génie.

En tout sept mille hommes.

Un peu plus du tiers de l'armée indigène égyptienne.

Ce sont là les proportions que les Anglais s'efforcent de garder.

IV

LES SOUDANIENS

S'il n'y a aucune illusion à se faire sur le soldat égyptien, s'il s'est montré sobre, patient, mais mou, mais peu solide, sujet aux paniques, il ne faut pas s'en faire non plus sur le soldat soudanais du Soudan égyptien, pas plus que sur le Nubien.

Stanley et son lieutenant ont vu, sous Emin-Pacha, les Soudanais à l'œuvre.

Ils ne valaient pas cher.

Stanley juge plus que sévèrement ceux qu'il a eus sous ses ordres.

Son lieutenant, qui les a vu fuir honteusement devant les madhistes, les a jugés plus sévèrement encore dans son livre si intéressant.

Du reste, l'Egypte n'a perdu Khartoum et le Soudan que par les défaillances des Soudanais-Nubiens-Egyptiens.

Les Soudanais du Nil n'ont pas la résistance, le courage, l'énergie morale de nos Soudanais du Niger.

Mais plus grave question.

Ces nègres exècrent les madhistes musulmans; mais, auparavant, ils exécraient les Egyptiens et leur haine va reprendre vivace.

Les Egyptiens vont recommencer à les tyranniser comme autrefois.

On rétablira sûrement le système des zéribus, et les Soudanais redeviendront, sont même déjà redevenus taillables et corvéables à merci.

D'où il suit que quand les Abyssiniens se présenteront, ils seront reçus comme des libérateurs dans tout le Soudan.

Dincas, Chillouks, Diours, Bangas, etc., se soulèveront comme un seul homme.

Tous ces féticheurs exècrent les musulmans.

V

POLITIQUE ANGLAISE

Nous l'avons dit déjà.

L'Angleterre n'a pas plus de droits sur l'Egypte que les autres nations créancières de ce pays ; mais, après avoir solennellement promis qu'elle évacuerait l'Egypte, l'Angleterre veut la garder.

Elle l'a clairement fait entendre en ces derniers temps.

Esquissons à grands traits l'histoire de cette occupation.

L'Angleterre, voyant le canal de Suez percé, n'eut plus qu'une pensée, celle de s'en emparer.

En conséquence, elle manœuvra diplomatiquement pour cela.

Elle fomenta des intrigues.

Elle avait besoin d'un prétexte.

Ses agents secrets créèrent le fameux parti dit : l'Egypte aux Egyptiens.

Le trop fameux général Arabi se mit à la tête de ce parti.

Révolte !

Intervention armée de l'Angleterre.

Elle achète les généraux d'Arabi, qui le trahissent et livrent son camp retranché.

Voilà l'Angleterre maîtresse de l'Egypte et du canal de Suez.

« Je reste momentanément pour réorganiser le pays et assurer aux créanciers de l'Egypte les intérêts de la dette. »

Tel fut pendant longtemps la réponse de l'Angleterre aux observations de l'Europe.

A cette époque, elle se souciait si peu du Soudan, qu'elle laissait le Madhi s'emparer de celui-ci et de Khartoum.

Mais, plus tard, deux graves préoccupations la saisirent.

Tout changea de face.

Elle sut que Ménélick avait repris le plan de Théodoros.

Celui-ci voulait s'emparer du Nil Blanc, lui rouvrir ce fameux bras par lequel, autrefois, il déversait tout ou partie de ses eaux dans le Tchad, et, par cette saignée, appauvrir l'Egypte, la réduire à rien.

Que fit l'Agleterre ?

Il fallait parer à ce danger.

Les Abyssiniens sur le Nil Blanc, c'était, à bref délai, l'invasion, la conquête de l'Egypte ; les Anglais seraient jetés à la mer ; ils perdraient le canal de Suez.

L'Angleterre montra aux Italiens l'Abyssinie à conquérir.

Elle promit son appui.

Elle ne le donna pas.

Les Italiens furent battus.

Ménélick redevint dangereux.

Il devenait urgent d'aviser.

Mais, d'autre part, une idée grandiose s'était produite.

Le grand, le brutal, le terrible homme d'Etat du Cap qui, de cette colonie, mène l'opinion publique en Angleterre, sir Cecil Rhodes, le grand ministre africander sans scrupule et sans honte, lança cette idée pour laquelle les Anglais se passionnèrent.

Il s'agissait de faire traverser l'Afrique, du Cap à Alexandrie, par un chemin de fer.

Du coup, l'Angleterre pouvait perdre les Indes; elle aurait une immense compensation.

Dès lors, il fallait reprendre Khartoum et reconquérir le Soudan à tout prix.

De là l'envoi contre Khartoum du sirdar Kitchener, à la tête de trente mille Anglo-Egyptiens.

De là, enfin, le conflit entre la France et l'Angleterre, à propos de Fachoda, que Marchand a abandonné si douloureusement.

Notre livre raconte ce qui se passa là-bas.

UN DRAME MILITAIRE
A FACHODA

CHAPITRE I
UNE ENTREVUE AVEC LE MADHI

Avant tout, établissons que nous ne sommes pas tellement ignorant des choses de l'Islam, que nous ignorions qu'il n'y eut qu'un Madhi, celui qui fit l'appel aux armes.

Quand je dis un, j'entends un de nos jours, car il y en a eu plusieurs dans le passé.

Ainsi Bonaparte, en Egypte, eut à réprimer la révolte d'un Madhi.

Il l'écrasa du reste du pied avec une maestria superbe.

Les races et les religions sémites sont tout imprégnées du besoin d'un Sauveur.

Madhi, veut dire Sauveur.

Messie, signifie Sauveur.

1. L'épisode qui précède ce récit a pour titre : *La Mission Marchand à Fachoda.*

Les juifs espèrent en la venue du Messie.

Les musulmans attendent toujours leur Madhi et, quand il s'en présente sachant jouer son rôle et à la hauteur des circonstances, les populations se lèvent en masse.

Le christianisme, issu de la Bible, nous a longtemps imprégné de l'esprit d'attente d'un Sauveur.

Les catholiques et les royalistes attendent aussi le Sauveur.

Ils l'appellent l'Homme providentiel.

Pour être accepté comme Madhi, il faut bien des choses :

1º Il faut d'abord montrer un grand zèle pour la religion ;

2º Il faut se faire passer pour un mystique, pour un visionnaire ;

3º Il faut attirer l'attention sur soi par des prédications dans le genre apocalyptique, ce qui frappe beaucoup le peuple.

Il ne comprend pas.

Donc, c'est très beau.

Et c'est ainsi que l'on prépare le grand coup, le grand effet.

On passe déjà pour un saint ; alors :

4º On annonce que l'on va jeûner et prier dans une grotte du désert pendant sept ans, sept mois, sept semaines, sept jours, sept heures, sept minutes, sept secondes en s'abstenant de toute distraction.

Sur ce, on disparaît.

Au bout de sept ans, sept mois, sept semaines, sept jours, sept heures, sept minutes, sept secondes, on reparaît.

Le peuple n'a pas oublié.

Le peuple a continuellement parlé du futur Madhi.

Celui-ci, dès qu'il se présente, soulève un immense enthousiasme.

L'étendard vert du Prophète en main, le Madhi prêche la guerre sainte.

Les dons affluent.

Les volontaires accourent.

Ça y est.

Révolte générale.

Ce fut ce qui se passa pour le Madhi qui prit Khartoum.

Mais son successeur ne put prendre ce titre tout à fait individuel.

Il prit celui de calife.

(Califat, lieutenant. Lieutenant du Madhi qui venait de mourir).

D'autres califes étaient, ou du moins se disaient lieutenants du Prophète.

Or, aujourd'hui, le vaincu de Khartoum n'est bel et bien que calife.

Mais, comme on l'appelle Madhi, appelons-le comme tout le monde l'appelle.

Les Anglais s'avançaient lentement, il est vrai, vers Khartoum.

La ville s'inquiétait.

C'est une grande cité.

C'est Lyon en Egypte.

Commerçante et industrielle comme Lyon.

D'esprit positif comme Lyon.

Ayant, comme Lyon, le sentiment de la force du capital et de celle des associations capitalistes et marchandes.

Assise comme Lyon, sur le confluent d'une grande rivière, le Nil Bleu, avec un grand fleuve, le Nil Blanc.

Ville nubienne.

Des Nubiens en majorité.

Mais aussi des juifs, des Arabes, des Bas-Egyptiens, des Soudanais.

Beaucoup d'esclaves.

Un apparent fanatisme religieux, se manifestant par un ostracisme contre les Européens, qu'on a menacés de mort en tout temps.

Au fond, un seul souci, l'argent.

Une seule préoccupation, le commerce par caravanes et par les zéribas (factoreries et forteresses établies au loin chez les sauvages du Soudan et servant de bases aux razzias).

La religion masque la volonté bien arrêtée d'empêcher les Européens de trafiquer dans le Soudan, cette vache à lait de Khartoum et de la Nubie.

Les madhistes ont soumi les Khartoumiens, mais ils les méprisent.

Ils ont de la répulsion pour ces marchands hypocrites.

Aussi ont-ils fondé un Khartoum militaire, Omdurman.

Là réside le Madhi.

Celui-ci n'est pas l'ennemi des Français ; il les sait adversaires des Anglais ; son prédécesseur a reçu avec honneur un journaliste français, Olivier Pain.

Cependant les madhistes ont attaqué Marchand dans Fachoda.

C'est par suite du zèle farouche de l'émir El-Bahr (le prince du fleuve, c'est-à-dire le commandant de la flottille à vapeur).

Car les madhistes ont trouvé à Khartoum des vapeurs.

Ils ont épargné mécaniciens et chauffeurs, les ont bien nourris et bien payés et ceux-ci ont conservé les bâtiments en bon état.

Quand l'émir El-Bahr est revenu de son expédition, le Madhi l'a blâmé d'avoir agi sans ordre.

Mais le puissant parti de fanatiques à outrance, qui domine chez les madhistes, a soutenu l'émir vaincu.

Il y a lutte à la cour madhiste, lutte d'influence.

Tous sont musulmans zélés et convaincus ; mais les derviches, des croyants aveugles, intransigeants, atteints de folie religieuse.

Ils résument ainsi leurs idées :

« C'est Dieu qui a donné la victoire au premier Madhi, il a envoyé son ange Gabriel, avec
les autres anges, pour combattre invisiblement
l'ennemi et lui souffler la peur au ventre.

« Si Dieu est pour le calife (le second
Madhi), il enverra encore ses anges avec leur
chef et nous serons vainqueurs ».

Cette croyance absurde de l'intervention de
l'ange Gabriel est assurée chez les musulmans,
au point que nos Arabes y ont cru très longtemps et que nos Sahariens y croient encore.

Ces derviches, à plumes de paon, sont presque tous des chefs.

Le Madhi a convoqué les plus importants pour
entendre un *envoyé* auquel il a fait parvenir un
sauf-conduit.

Qui cet envoyé ?

Envoyé par qui ?

Par un chef de caravane qui est parvenu
près de Fachoda.

Il se nomme d'Ussonville (1).

La caravane est bien armée; elle se compose
d'une centaine d'amazones de Béhanzin, recru-
tées au Dahomey, d'artilleurs et de sapeurs
sénégalais; elle est commandée par deux vieil-
les cambacérès et par des officiers français.

M. d'Ussonville, son chef, est le plus grand

1. Pour les détails, voir notre premier volume *La
Tueuse d'Eléphants.*

actionnaire de la Montagne d'Or australienne par lui découverte.

Il est quatre fois milliardaire.

Il a la passion des grandes choses et la haine des Anglais.

Il a voulu apporter au commandant Marchand le renfort puissant d'un vapeur, d'une compagnie, armée de fusils américains tirant cinquante coups à la minute et d'une artillerie à tir rapide d'une extraordinaire puissance.

Si Marchand se bat contre les Anglais, il le soutiendra.

S'il reçoit l'ordre d'évacuer Fachoda, M. d'Ussonville se joindra aux madhistes vaincus et il fera la guerre aux Anglais.

Car Marchand ne sera menacé dans Fachoda que si les Anglais ont repris Khartoum et dispersé les madhistes.

Quant à l'envoyé, c'est le capitaine Castarel, un Marseillais que nos lecteurs connaissent pour un très brave, très jovial artilleur, officier de très grande valeur, mais fumiste, blagueur, prestidigitateur, escamoteur et mystificateur émérite.

Tête de polichinelle.

Drôle de type.

Né charlatan.

Il est audacieux et cynique.

Fort riche, comme tous les officiers de la

caravane, il ne tient pas outre mesure à l'argent, sans toutefois le dédaigner.

Il a le goût très vif des aventures et se jette volontiers dans une expédition périlleuse ou dans une équipée dangereuse.

Il dit :

— Oui, des rentes, parbleu des rentes, plus que je n'en mangerai.

Mais vivre de ses rentes !

C'est bon pour un cloporte bourgeois, j'en crèverais.

Et il risquait sa peau, comme il le disait, pour se distraire.

Puis les habitudes.

Maréchal des logis chef de l'artillerie de marine, il aimait le métier ; il s'était attaché aux Sénégalais et aux amazones.

Il adorait caravaner avec cette troupe où il était très aimé.

Les amazones le portaient dans leur cœur, parce qu'il les amusait.

Il leur donnait, en pleine Afrique, des séances de prestidigitation, de projections lumineuses, de cinématographie.

Puis, à leur grande joie, il changeait son ordonnance en crocodile et ce crocodile chantait de très jolies chansons.

Cet ordonnance était un *griot* (un musicien tsigane africain).

Il s'était chargé d'aller trouver le Madhi, muni d'un sauf-conduit.

Son griot l'accompagnait.

Castarel était venu en canot par le Nil, il avait pu emporter son matériel de prestidigitateur, table truquée, appareil électrique, appareils Robert-Houdin, etc, etc.

Il avait fait débarquer le tout et fait transporter dans la maison que le Madhi lui accordait pour se loger.

Son hôte était un Arabe devenu fort riche en faisant le commerce de l'ivoire.

Castarel se montra avec lui si gai, si bon enfant, que l'Arabe, en deux heures, fut gagné.

Des présents, de bonnes paroles, d'adroites flatteries, lui inspirèrent une vive et prompte amitié pour le Français.

Mais il n'y avait rien d'étonnant à cette sympathie subite.

Les Arabes ont un caractère léger, brillant, aimable.

Nous les croyons graves, taciturnes, très réservés, et, en apparence, c'est vrai.

Quand ils sont en Algérie, en présence d'un étranger, d'un chrétien, d'un Français qu'ils ne connaissent pas, ils s'enferment dans un mutisme inspiré par la méfiance.

Le Français, soldat ou colon, affecte vis-à-vis de l'Arabe des airs de supériorité tels, que l'indigène froissé se renferme dans un silence digne.

Mais revoyez-le sur un marché; il parle, il rit, plaisante, s'anime et gesticule.

Entrez dans une caserne de turcos, vous vous demanderez si ce ne sont pas là des soldats de France, tant ils ont de verve et d'entrain.

Du reste, Ferkir, l'hôte de Castarel, ayant beaucoup voyagé, était accoutumé à se lier promptement.

Il invita Castarel à dîner.

Il invita aussi quelques amis, curieux de voir le Français.

On lui fit fête.

Il reçut même des confidences.

Les Khartoumiens en avaient assez du Madhi et de ses derviches.

Ceux-ci étaient insupportables.

« Ils ont, disaient les Arabes, le mal de la grosse tête (l'orgueil).

« La terre n'est pas digne de les porter; de leurs cheveux, ils frottent la voûte céleste.

« Tout pour eux.

« Sous le prétexte qu'ils sont des saints, ils nous volent.

« Le bon temps, c'est celui ou les *zéribas* des Karthoumiens, sous l'administration égyptienne, couvraient le Soudan.

« Alors on gagnait beaucoup d'argent en faisant commerce d'ivoire et d'esclaves.

« Ce dernier commerce était défendu, mais on tournait la loi. »

Castarel écoutait et notait.

L'Arabe qui servait d'interprète pensait comme ses amis.

Il prédit la défaite du Madhi.

— Nous savons, dit-il, que les Egyptiens bien commandés se battent bien.

Ils ne sont pas bons pour attaquer; mais, en bataille, ils tiennent.

Et ils tirent juste.

Et puis il y aura des Anglais.

Jamais les gens du Madhi ne viendront à bout des Anglais.

Des fous ces derviches.

Ils se jetteront comme des enragés sur l'ennemi; mais ils seront mitraillés.

Cet homme racontait d'avance la bataille d'Omdurman.

Castarel, après avoir fait longuement parler les Arabes leur dit :

— Vous m'avez bien reçu, je veux vous en récompenser en forçant Paris à défiler ici devant vous.

Les Arabes se regardèrent profondément étonnés.

Castarel gravement :

— Vous ignorez qui je suis ?

Je vais vous le dire :

Je suis un mage !

Je descends d'un des écuyers du roi mage

Talabar qui visita, avec deux autres, notre sei-
gneur Aïssa (Jésus-Christ).

— Vraiment ?

— Vous allez voir.

— Prenez votre café.

Fumez vos pipes.

Avec son griot, il apporta sa table et tous ses
trucs.

— Je vais d'abord, dit-il, vous montrer les
miracles du magisme.

Le lecteur qui a assisté à des séances de prestidigitation chez Robert-Houdin se fera une
idée de ce qu'un opérateur d'une habileté aussi
extraordinaire que Castarel peut exécuter de
tours qui parurent prodigieux aux Arabes.

Ils en tombaient en extase.

Les serpents de feu produisirent sur eux une
impression d'épouvante.

Mais, quand Castarel passa aux projections
lumineuses, débutant par une vue de l'Opéra,
ils poussèrent des cris d'admiration.

Mais le comble, ce furent les scènes de cinématographie.

Ils furent d'abord saisis d'effroi.

« Les djenoun ! s'écriaient-ils.

Djen au singulier.

Au pluriel djenoun.

Nous en avons fait génies.

Pour l'Arabe, ce sont ou des esprits ou des
démons.

Ces êtres mystérieux qui se mouvaient qui semblaient de chair et d'os, et qui, ils s'en assurèrent, étaient impalpables, ne pouvaient être que surnaturels.

Mais quel pouvoir avait donc celui qui les évoquait?

Miracle!

Miracle!

Dès le soir même, une nouvelle se répandit dans Khartoum.

On vit la nuit, dans ces villes nilatiques intertropicales.

On travaille pendant le jour, le matin et le soir, on sieste.

Mais jusqu'à minuit, une heure du matin, on cause sur les terrasses, on se visite.

Les caouedjis (cafés) sont ouverts.

A cette heure, une nouvelle a des ailes.

De terrasse en terrasse, elle vole.

« Vous saurez donc, mes frères, que le Français, ce Français venu pour voir le Madhi, ce capitaine de caravane, est un mage.

« Il a fait miracles! »

Et le conteur de conter par le menu et en exagérant, les prodiges dont il avait été témoin.

On admirait.

On questionnait sur le mage.

On voulait plus de détails.

Oh! les serpents de feu!

Quelle magie !

Tant et si bien que le Madhi, qui regardait Khartoum, sa ville, du haut de sa terrasse, avec l'orgueil d'un souverain oriental qui se dit :

« Tout ça est à moi. »

Le Madhi, disons-nous, apprit la grande nouvelle par un de ses ministres.

— Je n'ai pas voulu, dit celui-ci, me coucher sans t'avertir.

Le Français est un mage !

Et le ministre servit toute l'histoire au Madhi qui dit :

— Je veux que, demain, le mage me montre son pouvoir.

Préviens-le.

Pas bête, n'est-ce pas, Castarel !

CHAPITRE II

LA REPRÉSENTATION

Le lendemain, la cour était rassemblée dans la grande salle du palais.

Toute la maison du Madhi était derrière lui.

Etrange, cette cour.

Les derviches, nègres soudaniens, nouveaux convertis.

On sait que ceux qui embrassent une foi nouvelle montrent toujours un zèle extraordinaire et une ardeur de conviction qui les pousse à des extravagances religieuses.

Un feu ardent les dévore.

Pour eux, les vieux croyants sont des tièdes, des mous.

Mais, chez le nègre soudanien, on a remarqué une tendance à la folie mystique.

Ils étaient très bizarres à voir, ces derviches à queue de paon.

Tous ils portaient la longue robe soudanienne, une très longue épée droite et des pistolets orientaux.

Ils étaient rasés, ce qui leur donnait un air sacerdotal.

Ils avaient des mines extatiques et farouches ; on se sentait en présence de fanatiques.

Au contraire, les officiers de race égyptienne ou nubienne avaient des figures ouvertes et même volontiers souriantes.

Il y avait aussi des rois nègres de très belle prestance.

Convertis ?

Oui... mais par politique.

Convertis pour **rester rois**.

Quant aux officiers, interprètes, hauts serviteurs du Madhi, ils étaient intelligents.

Malheureusement, les derviches avaient une prépondérante influence.

On les craignait.

Ils étaient indispensables.

C'étaient eux qui entraînaient les soldats et leur communiquaient le feu sacré.

Le Madhi savait très bien que beaucoup de ses bandes se seraient montrées beaucoup moins courageuses sans les derviches.

Il fallait les subir.

Mais il les portait sur son dos, comme le soldat porte son sac qui lui est indispensable ; s'ils n'avaient pas été indispensables, il les eut très volontiers jetés bas.

Ces derviches, très osés, critiquaient tout, censuraient tout.

Le Madhi n'osait fumer devant eux, et se cachait pour le faire,

On sait que, pour les musulmans exaltés, le tabac est chose impure.

Un vrai marabout ne fume pas.

Or, ces derviches ne voyaient pas d'un bon œil Castarel à Khartoum.

On en prévint celui-ci.

Il usa de ruse.

Quand il parut devant le Madhi, il le salua d'un discours habile, précédé de salamalecs très respectueux.

Il lui dit, en substance, qu'il s'inclinait devant le grand calife, successeur du Madhi, lequel fut suscité par Allah pour sauver l'Egypte, pays musulman, des Anglais.

Aussitôt un derviche s'avança, menaçant, très surexcité, l'écume aux lèvres.

— Tu es chrétien ! s'écria-t-il.

Tu es chrétien comme les Anglais.

Castarel feignit l'étonnement.

Puis comme indigné :

— Comment, s'écria-t-il, serai-je chrétien, puisque je suis un mage.

Serais-tu donc ignorant à ce point de confondre la religion chrétienne avec le magisme, quand celle-ci date des âges des plus lointains, alors que l'autre ne date que d'Aïssa (Jésus-Christ), un grand prophète, précurseur de Mahomet.

Cette sortie vigoureuse intimida le derviche

qui se sentait très peu ferré, en effet, sur les questions théologiques.

Alors Castarel, d'un air inspiré qui en imposa, s'écria :

— Je suis de la plus vieille religion du monde.

Son prophète fut Zoroastre et il a établi les principes du Coran.

Peu à peu, les hommes les oublièrent.

Dieu susita Moïse.

Ce premier prophète rétablit les principaux préceptes de Zoroastre.

Il fit une religion bonne pour les juifs, car chaque peuple a son tempérament, ses besoins, sa morale et ses idées.

Un juif n'est qu'un juif, il ne peut s'élever à la hauteur d'un musulman.

Il y eut un murmure d'approbation très prononcé et très encourageant.

Castarel continua :

— Après Moïse, Jésus.

Il fallait conquérir aux principes de Zoroastre, le monde païen.

Allah suscita Aïssa.

Aïssa, le Jésus des chrétiens, adopta le Décalogue qui fut la base de la Bible et l'essence même du magisme.

Il en fit la base du christianisme.

Mais les Arabes, les nègres, restèrent idolâtres et il fallut les convertir.

Allah suscita le plus grand des prophètes, le dernier.

On cria :

— Mahomet !

Mahomet !

Et Castarel dit :

— Oui, Mahomet résoul Allah.

(Mahomet l'envoyé de Dieu).

Prenez le Coran.

Que défend-il ?

Le vol.

L'assassinat.

L'adultère.

Il ordonne de respecter son père et sa mère et d'adorer un Dieu unique.

Est-ce vrai ?

— Oui.

Oui.

Vous voyez bien que je retrouve le magisme du premier des prophètes dans la morale et la religion prêchées par ses successeurs.

— C'est très vrai !

Au derviche qui l'avait interpellé et qui était tout ahuri.

— Mais tu te demandes, ô mon frère, pourquoi les autres prophètes n'ont pas prêché toute la religion de Zoroastre.

Le derviche ne se demandait absolument rien du tout.

Il était confondu de tant de science.

Castarel avec bonté :

— Je vais te l'apprendre.

Les hommes sont fils d'Allah.

Il aime ses enfants.

Il veut leur bonheur.

Mais les races sont diverses.

On sait bien quelle différence il y a entre ces peuples divers.

Dans sa bonté, Allah a suscité des prophètes qui ont prêché le magisme de Zoroastre approprié à leur peuple.

Avec componction :

— Mes frères, honorons Allah, glorifions tous ses prophètes.

Et il entonna le salem (salut, prière) d'une superbe voix et en arabe, sans le secours de l'interprète.

Allah y Ailah !

Mahomet résoul Allah.

Aia el salat.

Toute l'assistance répète cette formule qui est le credo musulman.

Castarel reprit :

— Allah, bien qu'il ait suscité différents prophètes, Moïse que vous révérez tous, Aïssa que vous appelez Vidna (monseigneur) Aïssa, Allah a voulu qu'il restât des mages, pour que la mémoire du grand précurseur Zoroastre ne périt pas.

Je suis un de ces mages.

Et toute l'assistance de crier :

« Honneur à toi. »

Sûr de sa victoire, Castarel dit au derviche interpellateur :

— Puisque tu t'es mêlé de me poser une question, je t'en pose une.

Pourquoi Allah, par l'intermédiaire d'Aïssa et de Moïse, n'a-t-il permis qu'une femme aux juifs et aux chrétiens.

Pourquoi quatre femmes aux musulmans?

D'une voix douce :

— Réponds, mon ami.

Le derviche confus :

— Je ne sais pas.

Castarel avec véhémence :

— Eh quoi!

Tu ne sais pas, malheureux?

Tout le monde ici l'a deviné et tu es le seul qui ne devine pas.

Et tu t'es permis de te mettre en avant pour questionner un mage ?

Tu n'es qu'un ignorant.

Il y a ici des docteurs, et toi, tu as l'audace, ne sachant rien, d'entrer en querelle théologique avec un prêtre de Zoroastre?

Sache donc, ô homme sans cervelle, que si Allah accorde une seule femme au juif et au chrétien et quatre aux musulmans, c'est parce que le musulman est quatre fois supérieur au chrétien ou au juif,

Toute l'assemblée partit d'un fou rire qui accabla le malheureux derviche; il alla se perdre dans la foule.

Alors, Castarel déclara qu'il ouvrait la séance. Ce qu'elle fut, je n'ai pas besoin de le dire, une merveille.

Les serpents de feu, le lecteur sait comment on les produit, obtinrent un succès énorme.

Quant aux prodiges obtenus par l'électricité, on peut dire qu'ils électrisèrent l'assemblée.

Le calife fit un très beau cadeau à Castarel.

Celui-ci n'était pas homme à demeurer en reste.

Il riposta.

Le lendemain, le calife recevait un présent digne d'un roi.

Dans la journée, un ministre rendit visite à Castarel.

Il venait le tâter.

Très adroitement ce fut Castarel qui le tâta.

CHAPITRE III

DIPLOMATIE

TRÈS fin le ministre.
Mais Castarel était Marseillais.

Le ministre complimenta le mage de la part du calife.

Castarel prit son air bon enfant.

Le ministre lui demanda s'il voyait un inconvénient à lui parler de sa mission.

— Aucun.

— Je désirerais en causer avec vous, dit le ministre, pour vous donner de bons conseils.

Tout mage que vous êtes, peut-être pourriez vous faire quelque fausse démarche.

— Voilà, fit Castarel.

Mon commandant, M. d'Ussonville, est aussi un mage.

— Ah! vraiment?

— Oui.

Et il porte intérêt au Madhi.

— Vraiment?

— Beaucoup d'intérêt.

Comme mage, il déteste les Anglais, cela va sans dire.

— Les mages n'aiment pas les Anglais ?

— Vous ne le saviez pas?

— Non.

— Je vous ai dit que Dieu avait suscité Sidna Aïssa (Jésus).

— Oui.

— Qu'ont fait les Anglais ?

Ils ont corrompu la religion de Jésus.

Vous comprenez que cela ne saurait nous plaire, n'est-ce pas ?

— Oui, oui, je comprends.

Vous détestez les Anglais, commes nous, Sannites, nous détestons les Perses qui sont musulmans:

— Comparaison très juste.

Mon commandant m'a dit :

« Allez donc voir le calife.

« Vous me ferez savoir si vous le trouvez assez fort pour résister aux Anglais.

« Sachez aussi s'il a un bon plan de campagne contre eux.

« Veut-il livrer bataille ?

« Veut-il laisser des forces dans Omdurman, sa place forte, puis affamer les Anglais pendant qu'ils assiégeront cette place?

« Ce serait une bonne idée ; avec son armée, le calife pourrait couper les vivres aux Anglais. »

Le ministre secoua la tête.

— Hélas ! fit-il.

On avait suggéré ce plan au calife et il lui souriait.

Les derviches sont intervenus et ils ont repoussé bien loin cette combinaison.

-- Pourquoi ?

— Ils font le raisonnement suivant :

« La victoire vient d'Allah.

« Il la donne ou il la refuse.

« S'il veut notre triomphe, à coup sûr nous triompherons.

« S'il veut notre défaite, nous serons battus, quoi que nous fassions. »

Moi qui ne suis pas derviche, je trouve ce raisonnement absurde.

Pour mériter la victoire, il faut faire des efforts intelligents.

— Oh ! sûrement.

— Je vais vous donner un sage conseil.

Ne parlez pas de ce plan.

Vous vous feriez du tort.

Si le calife l'adoptait, les derviches crieraient à l'impiété.

Le calife se ferait déposer.

— Soyez tranquille.

Je n'en soufflerai mot.

Merci du bon avis.

Hier vous avez fait vos prodiges magiques devant la cour, le calife désire que vous recommenciez pour ses femmes.

Elles se tiendront cachées, mais elles pourront tout voir.

— J'irai quand le calife voudra.

— Très bien.

Qu'Allah vous garde !

— Vous aussi.

Il reconduisit le ministre.

Quand il fut rentré, il dit à son griot :

— Je te prédis que les madhistes vont recevoir une danse sérieuse.

— Tant pis pour eux.

— Et nous verrons ça !

Mais il faut que nous nous procurions deux bons chevaux pour fuir.

— Je vais m'en occuper.

— Tu vas renvoyer le canot et ses rameurs au commandant.

Je vais lui écrire une lettre que le canot lui portera.

Et Castarel écrivit à d'Ussonville :

« Impossible de faire adopter votre plan ; les derviches n'en veulent pas. »

Il donnait force détails,

La lettre partie, il attendit la bataille qui ne pouvait tarder.

CHAPITRE IV

PRISONNIÈRE DU MADHI

ᴄᴀsᴛᴀʀᴇʟ vit, par une sombre soirée orageuse, alors que personne ne sortait dans les rues, la tempête étant menaçante et les ténèbres étant très épaisses, Castarel vit entrer chez lui un homme et une jeune fille enveloppée dans un grand manteau d'homme.

Ils avaient tous deux des traits européens, voire même français.

L'homme était le père de la jeune fille qui pouvait avoir seize ans et qui était extrêmement jolie et distinguée.

Française, on la devinait telle.

Dans sa physionomie pourtant, dans son teint, il y avait un je ne sais quoi qui annonçait un mélange de sang.

Les yeux étaient noirs, doux et superbes; le profil au nez droit était pur et fin de lignes, celles-ci d'un ovale très correct.

Le menton était charmant de contours, mais avec une petite fossette qui complétait le sourire mélancolique des lèvres légèrement sensuelles d'une petite bouche aux dents blanches et qui semblaient nacrées.

L'homme était petit ; il avait l'air agile, vigoureux, intelligent et décidé.

Il salua et dit :

— Capitaine, je viens très secrètement, en compatriote, vous demander ce que vous pourriez faire pour ma fille et pour moi.

Castarel les fit asseoir tous les deux.

— Expliquez-moi votre affaire ! dit-il très bienveillamment.

— Voilà ! fit l'homme.

Je me nomme Granger.

Le petit nom de ma fille est Théodora, par abréviation Dora.

Sa mère était une esclave abyssinienne que le premier Madhi m'a donnée.

Elle est morte très jeune ; ma fille ne l'a pas connue.

Je sais son nom de famille et celui de son village.

Quand le Madhi prit Khartoum, j'étais mécanicien à bord du vapeur égyptien *Le Souëh*, qui existe toujours.

Lorsque le Madhi entra dans la ville, ce que, depuis longtemps, j'avais prévu, j'arborai son drapeau et le drapeau français sur mon navire.

Je mis, en outre, en berne les drapeaux égyptien et anglais.

Ce fut ce qui me sauva.

Les soldats du Madhi vinrent s'emparer du vapeur et je les reçus en criant :

« A bas les Anglais ! »

— Cri bien français ! dit Castarel.

Granger reprit :

— Les madhistes m'épargnèrent et le Madhi, lui-même, me demanda de rester mécanicien du *Souëh*, ce que j'acceptai.

Je ne fus pas esclave.

On me payait bien.

Le Madhi me prit même en affection et, je vous l'ai dit, me maria.

En me donnant ma femme il me dit :

« C'est une chrétienne comme toi. »

Tout allait bien.

J'ai vu M. Olivier Pain ici, qui m'a bien recommandé de servir fidèlement le Madhi contre les Anglais.

Mais voilà que, dernièrement, j'ai été forcé, sous peine de mort, de conduire le *Souëh* devant Fachoda, contre Marchand.

Jamais homme ne fut dans un plus profond chagrin que moi.

Mais à quoi bon me faire couper la tête et laisser ma fille seule au monde.

Mes chauffeurs noirs étaient capables de conduire le vapeur.

Donc ma mort n'aurait servi la France en rien.

— C'est vrai ! dit Castarel.

Granger reprit :

— Mais, capitaine, vous n'êtes pas sans savoir que l'on va se battre.

Les derviches qui, militairement, sont des imbéciles, seront battus.

— C'est mon avis.

— Que faire ?

Que devenir ?

Si je reste ici, s'écria Granger, mon affaire est bien claire.

On me dénoncera comme ayant mis en berne les drapeaux égyptien et anglais.

Fusillé.

— Voilà qui est probable.

Eh bien, fuyez.

— Où ?

Le calife sera fusillé ou il se refugiera dans le Kordofan.

Qu'est-ce que j'y ferais ?

Le calife aura mille soucis, mille ennuis, là-bas.

Il n'aura pas de vapeurs.

Je deviendrai inutile.

On voudra me forcer à devenir musulman et renégat, ce que je ne veux pas.

Les mômeries religieuses me dégoûtent et j'ai horreur des derviches.

Et puis, quel sort pour ma pauvre petite Dora ?

D'autre part, du côté de la France, je ne suis pas tranquille.

Je serai mal accueilli à cause de l'affaire de Fachoda.

— Mais je pourrais vous emmener avec moi au camp de M. d'Ussonville.

Vous seriez mécanicien en second à bord de notre petit vapeur.

Le mécanicien en titre est très souvent malade de la fièvre.

Il n'est pas acclimaté.

Je suis sûr que le commandant vous engagerait très volontiers.

Procurez-vous deux bons chevaux et, quand nous verrons l'armée des derviches culbutée, nous fuierons au grand trot.

Nous gagnerons le camp de la caravane sans trop d'encombre.

Nous n'avons rien à craindre des Chillouks dont nous avons su nous faire des amis par des cadeaux et par des soins médicaux.

— Capitaine, j'accepte avec la plus vive reconnaissance.

Mais il faut vivre en route.

— Les chevaux trouveront pâture pour eux et nous emporterons des vivres pour nous.

Mon ordonnance est très débrouillard et il confectionnera quatre doubles sacs au lieu de deux pour placer en croupe de chaque cheval; on les bourrera de provisions.

Du reste, les Chillouks nous vendront des vivres, poules, œufs, lait, moutons.

Ils causèrent encore, convinrent de tout ce qu'il y avait à faire, puis Granger se retira emmenant sa fille.

— Gentille, cette petite, dit Castarel à son griot.

Ça me fera plaisir de lui rendre service et de la présenter à Mlle de Pelhouër et aux amazones.

— Li qui se fera amazone! fit le griot.

— Peut-être.

Sur ce, Castarel se coucha ; il était tard et il faisait lourd ; l'orage éclata dans la nuit.

CHAPITRE V

LA BATAILLE D'OMDURMAN

LE sirdar (général en chef) Kitchener, qui gagna la bataille d'Omdurman, avait une lourde responsabilité.

De terribles souvenirs pesaient lourdement sur la réputation de l'armée égyptienne, qui avait subi d'effrayants désastres.

Le Madhi l'avait battue très aisément et il avait pris Khartoum.

On pouvait douter de la valeur du soldat; mais l'insuffisance des officiers était réellement éclatante pour tout le monde.

On se souvenait de la facilité avec laquelle, commandée par Arabi-Pacha, elle s'était fait battre à Tel-el-Kebir.

Mais le capitaine Kitchener, homme de très haute valeur, disait :

— Cette armée a eu ses jours de gloire.

Tant vaut son général, tant elle vaut ; son histoire en est la preuve.

Comme tous les soldats, le soldat égyptien a besoin d'avoir confiance.

La marche, les campements, la très rude discipline formeront les troupes et les officiers anglais formeront les officiers égyptiens.

J'ai du temps.

Je l'utiliserai.

De plus, j'ai une force solide, mes régiments anglais.

Il aurait pu ajouter :

— Et je connais mon ennemi.

Il savait bien, le sirdar, que ces imbéciles de derviches commettraient la faute de se ruer sur lui dès qu'il paraîtrait devant Omdurman.

Aussi avait-il renforcé chaque bataillon anglais d'une mitrailleuse.

Instrument de mort terrible contre la carabine, qui était la principale force des derviches. Il exerça son armée à prendre les meilleures formations contre la cavalerie.

Un bataillon anglais se trouvait toujours en avant de deux bataillons égyptiens, ce qui solidifiait beaucoup ceux-ci.

Cette ligne de bataillons anglais débordant leur ligne à eux, affermissait leur moral et assurait leur tir.

Je ne veux enlever à lord Kitchener rien de son mérite.

Il fut très grand.

Mais tout homme qui connaît le métier des armes sourit de l'enthousiasme des Anglais pour le vainqueur d'Omdurman.

Cette victoire, qui exalte l'orgueil des chauvins anglais, qu'est-ce ?

Une mitraillade.

Rien de plus.

D'un côté un ennemi fou, se jetant bravement mais follement sur une armée méthodiquement rangée.

De l'autre, du calme, de l'ordre, et un armement tout-puissant.

Pas de manœuvres.

Pas de coups de génie.

Pas même la plus petite combinaison stratégique.

Des cavaliers fous venant se fondre sous un feu effrayant.

Pas un n'arriva sur les baïonnettes ; pas un ne pouvait y arriver.

Bataille qu'un caporal eut livrée.

Nous en avons eu de plus dangereuses et de plus terribles que celles-là, gagnées par les Faidherbe, les Galliéni, etc.

On s'est contenté de leur donner le grade supérieur.

Et l'Angleterre a fait du capitaine Kitchener, devenu sirdar, un lord d'Omdurman, qu'elle a comblé de récompenses.

Orgueil national !

Désir de grandir démesurément cette victoire d'Omdurman !

Poudre jetée aux yeux de l'étranger.

Mais les états-majors, pas plus que les chancelleries, ne s'y sont laissé prendre.

Lord Kitchener ?

Un bon militaire !

Voilà le jugement de toute l'Europe officielle et, au fond, celle même de l'Angleterre.

Elle eut lieu, cette bataille.

L'armée anglo-égyptienne se rangea comme je l'ai expliqué.

Les lanciers derviches se présentèrent en tumulte, exaltés par leur foi dans le succès que, selon eux, Dieu leur devait.

Ils furent d'abord canonnés si cruellement, qu'ils mirent, de trop loin, leurs chevaux aux allures vives.

Alors les mitrailleuses tirèrent et aussi bientôt les fusils.

Ce fut un carnage horrible.

Nulle cavalerie n'aurait pu tenir.

Le tir incessant des mitrailleuses fauchait tout.

Les artilleurs des derviches, mauvais pointeurs, n'envoyaient que des obus inutiles qui portaient trop haut ou trop bas.

La tuerie fut épouvantable.

Les morts à tas !

On aurait mis cette cavalerie dans un mortier gigantesque, sous un pilon monstre, qu'elle n'aurait pas été plus broyée qu'elle ne le fut.

Et ceci est une leçon.

Jamais la cavalerie, à moins d'une surprise, ne pourra plus aborder l'infanterie.

Un brillant épisode se passa.

Le 21ᵉ lanciers anglais reçut l'ordre de couper la retraite aux fuyards.

Au lieu de les tourner, il se jeta en plein au milieu d'eux.

La mêlée fut superbe.

Ces cinq cents hommes entrèrent en masse compacte et ordonnée dans la masse de dix mille fuyards, la coupa en tous sens, et sabra à outrance.

On admire.

Moi pas.

Très beau soit.

Pas du tout militaire.

Ce régiment aurait dû être anéanti.

Cette malencontreuse charge empêcha les mitrailleuses de tirer.

Elles auraient tué amis et ennemis.

Si les lanciers s'étaient portés comme on le leur avait commandé, les fuyards coupés d'Omdurman se seraient écoulés à droite et à gauche restant beaucoup plus longtemps sous la mitraille.

L'exécution eût été plus sanglante.

En moins de dix minutes, la bataille fut perdue et le calife s'enfuit vers le Kordofan, monté sur un pur sang arabe.

Les Anglo-Egyptiens entraient dans Omdurman, puis dans Khartoum, qui se rendit sans coup férir et reçut garnison égyptienne.

Ainsi se termina cette campagne.

Marchand allait se trouver en face du sirdar et des Anglais.

CHAPITRE VI

UNE FUITE MOUVEMENTÉE

ᏟASTAREL s'était dit, en se rendant à la cour du Madhi, que peut-être celui-ci, s'il venait à connaître la puissance du fusil américain, voudrait en avoir un ou deux spécimens.

En plus du sien et de celui de son griot, il en avait apporté quatre.

Et des munitions en conséquence.

Mais, voyant la tournure que prenaient les choses, il avait jugé inutile de parler de cette arme, pas plus que de ses révolvers.

Revolvers munis d'une surcrosse qui les rallongeaient au besoin.

On connaît ce système.

La surcrosse en fer glisse sur le côté de l'arme et, au repos, dépasse le canon.

La bosse emboîte la véritable crosse et la double.

Pour tirer aux courtes distances, on la laisse telle que.

Mais ces revolvers portent, à trois cents mètres, très juste.

Pour viser alors, on tire la fausse crosse en

arrière, ce qui augmente la longueur de l'arme et la fait ressembler à une très courte carabine.

Les cinquante balles du magasin du fusil américain usées, on a encore vingt-quatre balles de revolver à tirer.

Et très vite.

Ces revolvers sont à quatre révoluteurs à six balles chacun.

Avec deux de ces revolvers, quarante-huit balles en réserve.

Donc, pour chaque homme, cent balles à tirer en deux minutes.

Castarel avait confié à Granger deux fusils américains et quatre revolvers.

Il lui avait montré le fonctionnement, que le mécanicien avait facilement compris, ayant eu à faire métier d'armurier.

Castarel lui avait dit :

— Dressez votre fille à s'en servir ; on ne sait ce qui peut arriver.

Il est stupide, dans un combat, en ces pays sauvages, qu'une femme reste inutile.

A faire feu comme un homme, elle ne risque pas plus d'être tuée qu'en ne tirant pas et elle aide à la défense.

Granger, frappé de la justesse du raisonnement, avait aussitôt commencé pour sa fille ce qu'en termes militaires on appelle le dressage.

Il avait très vite réussi.

Donc on fuyait, tous les quatre.

Après deux heures de trot, le long du Nil, Castarel ralentit le train.

On était sur une hauteur.

Avec sa longue-vue, le capitaine explora le terrain.

— Je ne vois, dit-il, que des fuyards ; pas de poursuivants.

Je doute que le régiment de lanciers anglais s'aventure bien loin.

— Moi aussi.

Où irait-il ?

Les fuyards sont si dispersés !

— C'est vrai !

Les poursuivants ramasseraient quelques groupes, ce serait tout.

De ce moment, ils allaient au pas.

Ils furent bientôt quasi rejoints par une bande de derviches.

Parmi ceux-ci, Castarel reconnut celui qui, on s'en souvient. l'avait interpellé.

— Eh ! eh ! fit-il.

Méfiance !

Tenez vos revolvers prêts.

Ne vous laissez pas approcher de trop près par eux.

— Vous penseriez...

— Mon cher Granger, qui sait ce qui peut se passer dans la tête d'un derviche.

— C'est vrai.

Ce sont des brutes fanatiques.

Du temps où M. Olivier Pain était auprès du premier Madhi, ils maugréaient sans cesse contre le chien de chrétien qui conseillait le maître et s'emparait de son esprit.

Tournant souvent la tête, Castarel s'aperçut qu'un dialogue vif et animé s'était engagé entre les derviches.

— Ils discutent, dit-il.

Ils veulent nous attaquer.

Ces imbéciles doivent se dire que si Allah ne leur a pas donné la victoire, c'est parce que le calife a été bienveillant pour moi, un sorcier mage.

— C'est dans leur manière de raisonner.

Castarel mit son cheval au petit trot et ses compagnons l'imitèrent.

De même, les derviches.

— Au grand trot !

Les derviches en firent autant.

— Au galop !

Les derviches galoppèrent.

— C'est évident ! fit Castarel.

Ils veulent nous tuer.

Et puis, ils nous supposent fort riches et le butin les tente !

Honnêtes derviches !

— Au fond, de la canaille ! dit Granger. Voler un chrétien, pour eux, ce n'est pas voler, c'est œuvre agréable à Dieu.

— Attention ! dit Castarel.

Voilà qu'ils crient !

— Ils nous somment de nous arrêter sous peine de mort.

— Vite ici.

Ayons l'air de nous soumettre.

A mon commandement, feu de magasin !

A Dora :

— Mademoiselle, vous savez tirer le verrou du magasin ?

— Oui, capitaine.

— Tirez sans hâte.

Visez surtout !

A Granger :

— Vous aussi, visez bien !

Ils firent face.

Les madhistes criaient :

— Jetez vos armes !

— Commencez le feu ! ordonna Castarel.

La fusillade crépita et les lanciers madhistes tombèrent.

Les survivants fuyaient.

Castarel à son griot :

— A terre !

Ils sautèrent tous deux, prirent la position du tireur à genou et tirèrent.

A chaque coup, un fuyard roulait sur le sol, touché dans le dos.

Le dernier fut tué à douze cents mètres !

Granger admirait tant d'adresse.

— A cheval ! dit Castarel et achevons les blessés sans pitié.

Plus tard, ils pourraient nous accuser auprès du calife.

Car je sais que le commandant d'Ussonville va soutenir les madhistes.

Mais la leçon aura profité à ces gaillards et au calife.

Ils suivront les conseils du commandant et feront la guerre de guérillas.

Ils se portèrent en arrière et tirèrent sur tous les blessés.

Pas un ne survécut.

Et Castarel de dire :

— Voyez-vous, mon cher Granger, quand on ne veut pas qu'un vivant parle, le vrai moyen de l'en empêcher, c'est d'en faire un mort.

Et de rire.

A Dora :

— Je vous parais un monstre !

Elle, de sa voix un peu rauque :

— Non, capitaine.

Lui :

— Alors, pas de sensiblerie ?

— Non, capitaine !

— Mademoiselle Dora, vous feriez une bonne amazone, je vous assure.

— Mon dessein est de m'engager dans la compagnie en arrivant.

— Bravo !

Granger ne protesta pas.

Inutile, du reste.

Il connaissait sa fille.

Très douce dans les relations ordinaires de la vie, mais une volonté de fer.

On se remit en route.

Mais voilà que, tout à coup, on entendit des hurlements.

Plus de cinq cents sauvages, armés de lances, accouraient.

CHAPITRE VII

FUITE MOUVEMENTÉE. — AUTRE INCIDENT

CASTAREL dit :

 — Ah ! des Chillouks.

En retraite !

Au petit trot !

Il souriait.

— Ces bons Chillouks ! disait-il.

Ils vont être épatés !

Il dépassa l'endroit où il y avait le plus de derviches tués, puis il fit volte-face et il attendit les sauvages.

Ceux-ci hurlaient toujours et couraient comme des dératés.

C'est une des facultés du nègre de pouvoir courir longtemps.

Dans l'Oughanda, Stanley a constaté que l'armée de Mtaia, l'empereur, ne marchait pas, mais courait toujours.

Les Chillouks furent très étonnés en voyant tant de madhistes par terre.

Ils les regardèrent, puis ils se mirent à les dépouiller.

Irrésistible attrait du butin !

Comme le premier soin d'un caravanier est de se mettre en état d'être compris, Castarel s'était, comme les autres officiers, familiarisé très vite avec le vocabulaire chillouk.

Il parlait assez cette langue pour se faire comprendre.

Il s'avança vers le chef avec autant d'audace que de sang-froid :

Il lui montra les morts.

— Qui a tué ces madhistes ? demanda-t-il en souriant.

Le chef de plus en plus étonné :

— Nous ne savons pas.

Castarel :

— C'est nous.

Ils nous poursuivaient.

Mais nous avons des armes terribles.

Il déchargea plusieurs fois son fusil, ce qui causa une panique.

Mais sa mine riante, sa gaieté rassura les sauvages.

Le chef cria :

— C'est un ennemi des madhistes.

C'est notre ami.

Les Chillouks se remirent à piller consciencieusement.

Et Castarel raconta au chef la bataille d'Omdurman.

10   3

Puis il lui parla de Marchand, du commandant d'Ussonville.

Le chef dit :

— Marchand est notre ami, car il a battu les derviches.

Il demanda :

— Que fais-tu ici ?

— Je suis envoyé par Marchand pour savoir ce qui se passe chez les derviches et aussi chez les Anglais.

Je le sais.

Aussi je m'en retournais.

Mais ces derviches en fuite ont voulu nous tuer et... ils sont morts.

Le chef lui dit :

— Nous savions que les Anglais et les Egyptiens allaient se battre avec les madhistes et nous attendions.

Les Egyptiens ne sont pas bons, mais les madhistes sont vingt fois pires.

Oui, nous attendions.

Nous pensions bien que les madhistes était vaincus, il s'en sauverait par ici et nous voulions les tuer comme tu as fait.

Nous en avons vu une troupe venant de notre côté et nous avons pris les armes.

Nous avons entendu la fusillade, mais nous ne savions pas ce qui se passait.

Nous le savons maintenant.

Viens dans notre village,

Tu boiras du lait, de la bière de banane, d'éluisine et de maïs.

Nous faisons trois bières (1).

Tu mangeras du mouton que l'on égorgera pour toi et les tiens.

Viens, les Chillouks t'aiment.

Le pillage fini, la bande reprit joyeusement le chemin du village.

Les femmes, les enfants, les vieillards accoururent en foule.

La vue des têtes de madhistes, portées au bout des lances, excitait un enthousiasme indescriptible, revanche des opprimés.

Toujours persécutés ces noirs !

Toujours volés.

Il faut lire dans Schweinfurth comment les chefs de zéribas se conduisaient dans leurs expéditions commerciales armées, comment ils traitaient les nègres, pour se rendre compte de ce que pouvaient être les madhistes, vingt fois pire qu'eux.

Aussi quelle haine !

Les Chillouks, selon la coutume, s'empressèrent d'orner leurs cases, en plantant devant les portes les têtes coupées.

Dire que ça embaume, non.

Toutefois, ça pue moins qu'on ne pourrait le croire.

(1) **La bière de banane est plutôt un vin. Celle d'éleusine est excellente.**

Voici pourquoi.

Les corbeaux et les milans accourent de tous les points du ciel et se mettent à l'œuvre immédiatement.

D'abord les yeux !

Par l'œil, ils arrivent à vider complètement la cervelle.

Puis ils attaquent les joues, le nez, le cou et enfin la langue, quand la mâchoire inférieure est tombée ou entr'ouverte.

Curée sinistre !

Plaisir des yeux et du cœur pour les nègres vindicatifs.

Mais une autre cause encore contribue à rendre le voisinage de ces têtes supportable ; c'est la fourmi.

Nous, en Europe, nous n'avons que des fourmis suceuses qui ne peuvent ingérer que des sucs : elles n'avalent pas les substances qu'elles réduisent en parcelles ; elles en expriment le jus.

Et, néanmoins, jetez un os de gigot mal nettoyé dans une fourmilière.

Repassez quelques jours après et l'os sera poli comme de l'ivoire.

L'Afrique a des espèces de fourmis rongeuses dont la puissance mandibulaire est telle, qu'un prisonnier attaché qu'elles attaquent, est dévoré par elles en une nuit...

Ce sont celles-là surtout qui montent aux poteaux supportant les têtes.

Elles n'y laissent pas un atome de chair, de graisse ou de ligaments.

Enfin, il faut tenir compte d'un autre facteur, la siccité de l'air.

Pas d'humidité !

Un four sèche.

On vit là-bas dans un four.

Cependant les femmes s'étaient mises à cuisiner ; et les marmites en terre étaient sur le feu, bondées de viandes, de haricots, de petits pois, d'oignons, d'autres légumes.

Les bouillies, les pâtes, les gâteaux de maïs et de bananes, de plantain et de manioc, cuisaient en parfumant l'air.

Les poulets égorgés, les pintades, les cailles, les lièvres, les quartiers d'antilopes, rôtissaient à la ficelle.

Pour cuisiner, les négresses de ces pays fabriquent divers ustensiles en terre, allant solidement au feu le plus ardent.

La qualité de cette poterie provient de ce que la glaise dont elle est faite est remplie de fer qui solidifie la glaise.

Très gracieuses.

Très originales de formes ces poteries.

Et ornées de jolis dessins.

Du reste, les Chillouks sont presque sortis de l'état sauvage et arrivés à l'état barbare.

On sait que la barbarie est une étape entre la sauvagerie et la civilisation.

Les Chillouks ne fabriquent pas leurs armes, leurs outils.

Ce sont des tribus spéciales, vivant en forêt, exerçant les métiers de forgerons, bûcherons, charbonniers, qui travaillent le fer.

Mais le Chillouk pasteur, agriculteur, n'en est pas moins très au-dessus des tribus sylvestres, qu'il regarde comme inférieures.

La demeure du Chillouk est une hutte, mais très bien faite.

La porte est munie d'une sorte de marquise en vannerie.

Le devant est macadamisé de cailloux qui sont couverts d'une sorte de laque, faite d'une certaine terre délayée, de bouse de vache et d'autres matières.

Elle sèche, devient dure comme du marbre et prend un poli tel qu'on la croirait vernie.

A l'intérieur, même macadam laqué.

La case et très bien divisée.

Tout autour des petits magasins, petites huttes imperméables, montées sur pieux, sont bourrées de provisions de réserve.

On avait donné une case aux Français ; on les rafraîchit avec du lait.

Ce lait, c'est la vache zébus qui le fournit ; le zébus est le bœuf coureur à bosse.

Il est plus animal de trait que de boucherie,

mais les Chillouks ne l'utilisent ni au traînage, ni au portage.

La différence de race explique la différence de rendement.

Une vache zébus ne donne que de trois à cinq litres de lait par jour.

Peu crémeux.

Il faut trois fois plus de lait qu'en France pour faire du beurre.

Il ne faut pas attribuer cela aux pâturages, qui sont excellents.

Je le répète, question de race.

En somme, ces Chillouks forment un peuple nombreux et très intéressant.

Les femmes se montrèrent très aimables pour Dora.

Elle fut comblée de politesses.

Disons en passant que les haches, les armes, les outils des tribus forestières arrivent facilement partout, même à Khartoum, même au Caire, même en Abyssinie.

On les considère comme de la monnaie et toute monnaie circule.

L'étalon monétaire est la houe.

Une vache vaut tant de houes.

Six poulets valent une houe.

Le fer, très habilement travaillé, est de qualité très supérieure.

Les indigènes appellent le fer anglais *le malassou* et le dédaignent.

Très certainement un jour les forgerons des grandes forêts africaines feront une rude concurrence aux fabriques anglaises.

Castarel, après un moment de repos, s'était promené dans le village.

Celui-ci était très bien fortifié.

Les huttes étant reliées entre elles par des haies très épaisses.

Obstacles infranchissables tant les plantes qui les forment sont solidement et tenacement entrelacées et entortillées.

Il y a des passages masqués par des rideaux, qu'il faut connaître.

Le guerrier chillouk se défend d'abord avec son arc et ses flèches.

Si l'ennemi donne l'assaut, il le reçoit à coups de lance.

Castarel admira ces fortifications dont la nature faisait tous les frais.

Mais le banquet était prêt et le chef conduisit ses hôtes auprès des marmites fumantes, à la place d'honneur.

On leur offrit des tabourets.

Car les Chillouks savent fabriquer des bancs et des tabourets.

Quiconque n'a pas été privé de siège, ne s'imagine pas combien il est pénible de manger accroupi.

Les orientaux ont pris, dès l'enfance, l'habitude de s'asseoir les talons repliés sous les cuisses et ils sont bien ainsi.

La position est détestable pour un Européen.

Castarel fut heureux d'avoir un tabouret.

Joyeux repas.

Excellent vin de bananes.

Délicieuse bière d'éluisine.

Tout à la joie.

On dansa.

Tam-tam jusqu'au jour !

Enfin repos.

CHAPITRE VIII

FUITE MOUVEMENTÉE. ENCORE LES DERVICHES

LE tambour de guerre réveilla tout le monde vers dix heures du matin.

Aux armes !

Les derviches !

Très nombreuse troupe des cavaliers du calife en marche vers le village.

Pas rassurés les Chillouks.

Mais Castarel leur mit du cœur au ventre.

-- Vous allez voir comment nous les recevrons, dit-il au chef.

Il fit placer, derrière le retranchement, Granger, sa fille et le griot.

Les Chillouks bordèrent les haies avec leurs arcs bandés, leurs lances sous la main et leurs grands boucliers dressés contre les haies.

On vit un cavalier se détacher de la troupe au galop.

C'était un parlementaire.

— Nous voulons, cria-t-il, des vivres, et si vous nous en refusez, nous brûlons le village et nous vous tuons tous sans pitié.

Castarel dicta au chef sa réponse.

Celui-ci dit au derviche d'une façon très ferme :

— « Vous êtes des vaincus.

« Vous êtes des fuyards.

« Nous sommes contents que les Anglais vous aient écrasés à Omdurman.

« Si vous voulez des vivres, venez les prendre et... nous causerons. »

Puis il demanda :

— Derviche, as-tu de bons yeux ?

— Oui.

— Tu vois ces têtes encore fraîches au bout des poteaux.

Ce sont des têtes de derviches.

Compte-les.

Le derviche se fit une visière de sa main et regarda les têtes.

Aux faces rasées, il les reconnut.

Des frères !

Des frères massacrés par les Chillouks.

Cela criait vengeance.

Il s'en retourna au galop.

Entre lui et les siens, conversation vive et animée, cris furieux :

Au trot !

Mort aux Chillouks !

Mais les Chillouks répondirent par des hurlements.

Leurs tambours de guerre firent rage.

A six cents mètres, les derviches prirent le galop de charge.

— Feu ! cria Castarel.

A hauteur d'homme.

Avec le fusil américain, à cette distance, pas besoin de hausse, tant la trajectoire est tendue.

Les deux cents balles furent tirées en une minute.

En une autre minute, cent-quatre-vingt-seize balles de revolvers firent leurs trouées sanglantes dans la troupe.

Elle ne s'attendait pas à cela ; elle tourna bride et s'enfuit.

Cessez le feu !

Ils ne nous ont pas vus.

Inutile d'en tuer davantage.

Ce serait tirer sa poudre aux moineaux.

Les Chillouks, inutile de le dire, saluèrent la déroute des derviches par des cris frénétiques et par des gambades extraordinaires.

Ils se précipitèrent sur les blessés et ils les achevèrent.

Après quoi les scènes acoutumées.

Dépouillement des vaincus.

Têtes coupées.

Puis festin et danses.

Croyez qu'il s'en souvient, de cette journée, le village chillouk.

CHAPITRE IX

LES ABEILLES SAUVAGES

Les fugitifs avaient quitté le village des Chillouks, au milieu d'une ovation enthousiaste, avec un jeune homme du pays comme guide, sans idée, pour lui, de retour.

Il s'était engagé au service de Castarel, comme second ordonnance.

Un type assez singulier, ce jeune garçon nègre de seize ans.

Il était certainement métis.

Sa mère, au hasard des razzias ou des rencontres, avait dû l'avoir d'un Arabe.

Il ne ressemblait pas aux Chillouks.

Nez arqué !

Premier indice.

Teint plus clair.

Cheveux moins crépus.

Beaucoup de barbe.

Et puis, hardi, vantard, glorieux, aimant à se mettre en avant.

Très intelligent.

Très brillamment brave.

Il avait abordé Castarel après le combat et lui avait dit :

— Je porterais bien ton fusil.

Castarel :

— Pourquoi porter mon fusil?

— Pour aller avec toi.

Castarel avait examiné et jugé cet adolescent d'un coup d'œil sûr.

— Pourquoi quitter ton village ?

— Chillouks toujours volés.

Derviches vaincus par Egyptiens, derviches voleurs remplacés par Egyptiens voleurs qui referont zéribas.

Moi, toujours de corvée.

Moi porteur pour Egyptiens.

Moi, toujours battu.

Moi, avec monseingou (monsieur), l'homme blanc, moi, content.

Porter fusil.

Castarel vit bien que le fusil américain décidait de la vocation de Chaboul, c'était le nom du jeune Chillouk.

Il lui dit :

— Je porte mon fusil moi-même.

Le nez de Chaboul s'allongea.

Mais Castarel reprit :

— Je pourrais te *prêter* un fusil.

Tu serais mon serviteur.

Défendrais-tu ton maître ?

Chaboul saisit le fusil de Castarel, l'embrassa et dit :

— Avec ça, pas peur de cent hommes.

— Très bien.

Je t'engage.

Tu seras nourri.

Tu seras habillé.

Et de beaux habits.

Et tu auras la valeur de dix houes par mois et du rhum souvent.

Mais pas beaucoup à la fois.

Chaboul bondit de joie.

Sa mère ne fit aucune opposition.

Le père encore moins.

Peut-être savait-il quelque chose.

Mystère inéclairci.

Castarel ne tenait pas à savoir le fin mot de la chose.

Donc, comme il lui restait deux fusils de réserve, il en donna un à Chaboul.

Jamais Chillouk ne fut plus fier.

Il est vrai qu'il était à demi Arabe.

Dès la première étape, Chiboul montra qu'il rendrait des services.

Le jeune Chiboul était monté sur un bon cheval de derviche.

On avait choisi le meilleur parmi eaux que l'on avait pris.

Et Chiboul allait en éclaireur.

Le premier soir, comme il était allé recon-

naître un emplacement pour camper, il revint
et se mit à crier :

— Toup ! Toup ! Piliou !

— Que diable nous veut-il ? se demandait
Castarel.

Chiboul s'expliqua :

— Oiseau à miel ! dit-il.

Oiseau à miel.

Nos lecteurs savent qu'un gentil petit oiseau
africain, friand de miel sait où sont des ruches
sauvages.

Il suit des abeilles alourdies par la cire et le
miel.

Il épie leur rentrée.

Et quand il a découvert une ruche, dès qu'il
voit un homme, il l'avertit, l'invite à le suivre
et le conduit à la ruche.

— Alors, nous allons avoir du miel ?

— Oui, capitaine.

— Nous nous envelopperons d'étoffes le visage et les mains.

Chiboul étonné :

— ?

— Mais... pour ne pas être piqués.

Rire de Chiboul.

— Abeilles, pas piquer.

Castarel étonné :

— ?

Chiboul :

— Tu connais donc pas le trip-trip ?

— Non.

— C'est une plante ?

— Tu n'en connais pas la vertu ?

— Non.

Chiboul d'un air joyeux :

— Les blancs ne savent pas tout.

Castarel, gravement :

— Si.

Toujours très gravement :

— Les blancs savent d'abord que tu es sujet
à un mal qui fait faire des bêtises.

Chiboul :

— ?

Castarel :

— C'est le mal de la grosse tête.

Écartant les deux mains :

— Ta tête est énorme !

Chiboul devint penaud.

— C'est le mal des jeunes garçons et je t'en
guérirai, dit Castarel.

Quant au trip-trip, connaissais pas trip-trip
parce que ça s'appelle ainsi en chillouk ; mais
je vois bien qu'il s'agit d'une plante dont
l'odeur écarte les abeilles et préserve de leurs
piqûres.

Nous l'appelons pissenlit.

Castarel, on le voit, mentait effrontément ;
mais, en pareil cas, il n'hésitait jamais et il
payait toujours d'audace.

Toutefois, le trip-trip existait avec sa vertu très efficace.

Ce pauvre Chiboul était atterré.

On arriva au camp.

On y trouva l'oiseau à miel.

Très intelligemment, il attendait les hommes, sachant que, quands ils voyageaient, ils s'installaient là.

Les gîtes d'étape sont toujours indiqués par les commodités d'un terrain.

Toup ! Toup ! Piliou !

L'oiseau jetait son cri.

Chiboul cueillit des trip-trip, s'en frotta les mains et le visage, prit un seau fait d'un sac de toile qui avait été rendu imperméable en le trempant dans de l'huile de palme bouillante et suivit l'oiseau.

Une heure après, il revint avec le seau plein de miel.

Pas une piqûre.

Castarel nota le fait et remarqua bien la place du trip-trip.

Chiboul mit à part du miel solide ; ensuite il en remplit à moitié les peaux de bouc en forme de gourde qui, chez presque toutes les nations orientales ou négroïdes, remplacent nos bidons.

Il remplit ces récipients avec de l'eau.

— Que fait-il ? demanda le griot.

Granger sourit et lui dit :

— De l'hydromel.

Tu verras demain soir.

C'est très bon !

De fait, l'eau ayant fermenté sur le miel, par la grande chaleur du jour, était devenue sucrée et acidulée.

Un peu gazeuse.

Dora l'apprécia beaucoup.

Chacun eut soin de remplir sa gourde, car le miel est loin d'avoir rendu ce qu'il pouvait rendre en fermentation.

Nous autres, nous croyons qu'il n'y a que le vin, la bière d'orge, le cidre.

C'est se tromper grandement.

On peut faire d'excellents vins (non pas des piquettes, des vins très forts) avec de la groseille, de la cerise, de la prune, de la mûre, etc.

Le roi de ces vins est celui que l'on tire de la groseille à maquereau.

On dirait du vin de grenache.

Quant à l'hydromel, c'était la boisson fine des Gaulois, nos pères.

Grâce à ce brave Chiboul, les voyageurs n'en manquèrent pas.

CHAPITRE X

MARCHAND APPREND LA NOUVELLE

Les voyageurs arrivèrent à Fachoda sans autre incident.

Castarel avait marché très vite.

Il importait d'avertir Marchand.

Celui-ci apprit avec inquiétude la défaite de l'armée du calife.

Ce qui allait se passer, il s'en doutait et s'en inquiétait.

— Les Anglais, dit-il à Castarel, se souciaient fort peu de Khartoum.

Ils ne tenaient qu'à l'Egypte basse, une vache à lait, et au canal de Suez.

Mais depuis que sir Cecil Rhodes a lancé l'idée du canal transafricain du Cap à Alexandrie, les Anglais ont senti la nécessité de reconquérir Khartoum et le Soudan.

Aussi je m'attends à recevoir une sommation d'avoir à évacuer Fachoda.

— Que ferez-vous ?

— Je répondrai que je suis là par ordre de

mon gouvernement; que je n'en sortirai que sur l'ordre de mon gouvernement.

— Et si le sirdar en venait à vous menacer d'employer la force ?

— Je répondrai :

« Essayez! »

Et avec énergie :

— Vous savez, Castarel, que nous nous ensevelirons sous les ruines de Fachoda, plutôt que de céder à la violence.

Castarel :

— Ils n'oseront pas.

Mais, je vous prie, prêtez-moi votre vapeur *Faidherbe.*

Il faut que je voie mon commandant et que je le prévienne.

— Quand voulez-vous partir ?

— Dès que la machine du vapeur sera sous pression.

— Très bien !

Marchand donna ses ordres.

Il questionna Castarel.

Celui-ci lui raconta en détail la défaite d'Omdurman.

Et Marchand de s'écrier :

— Imbéciles de derviches !

Ils n'avaient qu'à laisser assiéger la place et couper aux Anglais leurs communications avec la basse Égypte.

Le sirdar aurait été obligé de lever le siège pour livrer bataille.

Mais cette bataille pouvait s'éviter et, en faisant une guerre de partisans, le calife aurait éternisé la campagne et l'armée égyptienne aurait fondu sous le feu, les privations, les maladies.

Enfin, ce qui est fait, est fait.

— Pour les madhistes, tout n'est pas fini, mon commandant.

M. d'Ussonville a son idée.

— Ah !

— Oui.

Les madhistes étaient d'orgueilleux fanatiques, des ignorants.

Il leur fallait une leçon. Ils l'ont.

Ils vont être accessibles aux bons conseils et et reconnaissants d'un bon secours.

M. d'Ussonville sera le très bien venu auprès du calife.

— Je n'en doute pas.

— Il lui donnera de bons conseils et il lui aidera à reconstituer son armée.

Les Anglais, qui sont gens qui comptent, auront hâte de finir cette très coûteuse expédition et, sur l'ordre du ministre, le sirdar ne laissera que des garnisons et un petit corps d'armée dans le Soudan.

L'armée anglaise se réembarquera pour Chypre, Malte et Gibraltar.

Alors, nous tomberons, avec le Madhi, sur les Egyptiens.

Quant à Fachoda, mon opinion est que la France cédera.

— Vous croyez ?

— Voyons la chose avec calme et mettons de côté, je ne dirai pas l'honneur, mais le point d'honneur militaire.

Comme marine, sommes-nous prêts ?

Non.

Mais j'admets que les Anglais ne puissent rien sur nos colonies.

Ne craignez-vous pas que l'Allemagne ne profite de la circonstance.

Alors, nous aurions quatre flottes et quatre armées sur les bras.

— Mais la Russie ?

— Elle nous suppliera de céder.

— Pourquoi ?

— Elle est fort occupée du partage de la Chine.

Ses chemins de fer ne sont pas terminés et elle n'est pas prête encore pour enlever les Indes aux Anglais.

Si nous faisons la guerre contre son conseil, elle refusera son alliance.

— Ainsi cette alliance russe, dont on a fait naître tant d'espérances, ne serait qu'une désillusion ?

— Au cas où nous voudrions faire la guerre pour un incident comme celui-ci.

Songez-y donc !

Quinze millions d'hommes en ligne pour Fachoda.

Marchand s'écria :

— Tant d'efforts !

Tant de fatigues !

Tant de courage, dépensés en pure perte !

Qu'en restera-t-il ?

— Des héros !

Et vous y gagnerez !

Furieuse d'avoir dû céder, la France va vous porter dans son cœur.

Elle oublie les vainqueurs.

Rappelez-vous Monteil.

Quand il revint de son glorieux voyage, il y eut des transports d'enthousiasme.

Et on ne parle plus de lui.

Dire qu'il est oublié, non, pas tout à fait encore.

Et pourtant...

Demandez au grand public :

« Vous souvenez-vous de Monteil ?

Le grand public fouille dans ses souvenirs, se rappelle vaguement :

« Oui, Monteil !

« Attendez donc.

« Ah ! oui, capitaine Monteil.

« Il a fait quelque chose en Afrique. »

— C'est pourtant vrai, murmura Marchand presque découragé.

— Cet inévitable oubli des foules, vous l'éprouveriez, si Fachoda nous restait.

Mais si, à cause de Fachoda, la France est blessée au cœur, elle s'en souviendra toujours et de vous aussi.

Waterloo et Sainte-Hélène ont plus fait qu'Austerlitz et Wagram pour la mémoire de Napoléon.

A ne considérer que l'intérêt personnel, vous gagnerez à l'abandon de Fachoda.

Qui perd gagne.

— Vous avez une façon de voir les choses...

— Je crois être dans le vrai.

— A propos, vous emmenez ce mécanicien et sa fille Dora ?

— Oui !

— Vous allez l'épouser?

— Mon commandant, elle ne m'aimera jamais.

— Et pourquoi ?

— Croyez-vous donc que je m'illusionne sur mon compte?

Mon miroir, quand je me regarde, me montre une tête de polichinelle.

En ce moment, un planton annonça que le *Faidherbe* était prêt à partir.

Castarel fit ses adieux à Marchand.

Le vapeur remonta bientôt le Nil pour gagner l'embouchure du Bahr-el-Ghazal.

Il emportait le capitaine, Granger et sa fille, le griot et Chiboul.

CHAPITRE XI

CE QUE FILLE VEUT

Le *Faidherbe* repartit tout aussitôt, emmenant M. d'Ussonville.

Celui-ci voulait avoir une entrevue avec Marchand.

En son absence, le commandement revenait à Castarel.

Il le prit donc.

Ni Drivau, ni Santarelli n'en étaient jaloux.

Drivau était insouciant.

Santarelli était juste.

Très fort dans sa spécialité d'ingénieur militaire, il reconnaissait à Castarel des qualités hors ligne de tacticien.

Ce farceur de Marseillais avait montré beaucoup de talent comme tacticien et comme stratégiste.

Avec une si petite armée ?

Eh oui.

Avec une poignée d'hommes, on peut montrer beaucoup de talent.

Tout, du reste, marcha à souhait en l'absence de d'Ussonville.

Dora fut bien accueillie par Mlle de Pelhouër, mieux encore par Mme Santarelli, heureuse de trouver une quasi-Abyssinienne et compatriote du Tigré.

La mère de Dora en était.

Une très vive amitié s'établit entre les jeunes femmes.

Or, un jour, Mme Santarelli, accompagnée de son mari, vint trouver Castarel.

Ils avaient l'air très graves.

Etonnement de Castarel.

Santarelli prit la parole.

— Mon cher collègue, dit-il, nous venons te demander en mariage

— Une plaisanterie ! fit Castarel.

— Demande très sérieuse.

— Allons donc.

Mme Santarelli prit la parole.

— Mon amie Dora, dit-elle, serait heureuse de se marier avec vous.

— Elle aime donc les nez en bec de corbeau, Mlle Dora ?

— Oui.

— Tous les goûts sont dans la nature ; mais j'ai peine à croire...

Et puis, un beau jour, elle aimerait un nez droit...

— Capitaine, Dora est Abyssinienne par sa

mère, et une femme trompeuse est si rare chez nous que l'on peut dire qu'elle n'existe pas.

— Ecoutez... c'est bien tentant! mais je crains fort que vous ne vous abusiez.

Peut-être avez-vous mis ce mariage en tête à la jeune fille.

— Pas du tout.

Elle m'a fait, d'elle-même, des confidences que je n'ai pas sollicitées.

— Bon !

Je vous crois.

Mais je conserve mes craintes.

Santarelli haussant les épaules :

— Un homme d'esprit comme toi, qui a tant de tours dans son sac, trouvera bien le moyen d'éviter le ridicule.

Tout à coup, Castarel se frappa le front et s'écria :

— J'ai trouvé.

Oui !

Il y a un moyen.

— Tu vois bien !

— Encore fallait-il y penser !

— Enfin, puisque tu l'as.

— Dites-lui que j'accepte.

— Très bien.

— Nous ferons la noce quand le commandant sera revenu de Fachoda.

Mme Santarelli se leva, disant :

— Elle va être bien contente.

Santarelli serra la main de son ami et s'en alla avec sa femme.

Seul, Castarel murmura ces mots mystérieux :

— Je lui ôterai ses yeux de verre et elle pourra se voir dans le miroir.

Elle aura une de ces frousses qui sont le commencement de la sagesse.

Il sortit joyeux, sifflant un air de chasse.

CHAPITRE XII

ARTILLERIE DE RENFORT

On envoya le vapeur de la caravane chercher le prêtre qui avait marié Santarelli et la princesse abyssinienne.

Il arriva le jour même du retour de M. d'Ussonville.

— Il faut, dit celui-ci à Castarel, vous marier sans moi.

— Pourquoi donc, mon commandant ?

— Parce que je vais embarquer obusiers-revolvers et mitrailleuses sur *le Faidherbe*.

Je ne vous laisse qu'une mitrailleuse et un obusier.

J'emmène aussi mon vapeur, pour revenir avec lui.

Avec son artillerie et la mienne, Marchand pourra couler les vapeurs anglais, s'ils l'attaquent, et il faudra que le sirdar fasse un siège en règle.

Auquel cas, avec ma troupe et les madhistes, je me charge de lui donner bien des traverses.

— Je ne crois pas à une attaque des Anglais, dit Castarel.

Marchand en référera à son gouvernement, qui enverra l'ordre d'évacuer Fachoda.

— Je le prévois comme vous ; mais alors mon rôle commencera.

Voyez, vous, chef de l'artillerie, à surveiller l'embarquement.

Castarel s'acquitta de sa tâche et tout fut à bord en deux heures, pièces, munitions, servants, sous-officiers.

Les deux vapeurs dérapèrent et bientôt on ne vit plus que leur fumée.

CHAPITRE XIII

UN DINER DE FIANÇAILLES

Le soir-là, Castarel dînait avec Santarelli, sa femme, Mlle Granger, Mlle de Pelhouër, Taki-Data et sa sœur.

Mistress Morton avait reçu une invitation aussi, mais sa nièce, Mlle de Pelhouër, s'était tant moquée d'elle, que, piquée au vif, pour ne pas assister à ce dîner de fiançailles, la vieille Anglaise avait déclaré qu'elle avait la migraine.

Elle mentait avec l'aplomb qu'ont toutes les femmes en pareil cas.

Comme elle avait toujours eu des vues sur Castarel, elle était vexée de le voir se marier avec une autre.

Sa nièce avait exprès avivé son dépit pour qu'elle ne fût pas du dîner et pour qu'elle n'assistât pas à la comédie qui allait se jouer.

Elle aurait pu protester.

Il ne le fallait pas.

Donc, on dîna.

Castarel mit la conversation sur son griot et

il demanda à Taki-Data si elle lui en voulait toujours.

— Jamais je ne lui pardonnerai, à ce polisson-là ! s'écria la vieille amazone.

— Pourtant ce n'était pas grave de la part d'un crocodile amoureux.

— C'est parce que, en ce moment-là, il était crocodile que je ne l'ai pas tué, en le revoyant homme le lendemain.

Mais je lui en veux.

Mlle Granger avait déjà entendu parler de l'incroyable pouvoir qu'avait Castarel de changer les gens en bêtes ; mais elle n'avait pas encore eu d'explications sur ce point.

Elle en demanda.

La vieille cambacérès lui raconta les merveilleuses histoires que connaissent les lecteurs de nos précédents volumes.

Déjà Mlle Granger savait que Castarel, chez le Madhi, s'était donné pour un mage.

Elle était flattée d'épouser un mage.

Il y a bien eu une riche héritière qui s'est toquée du mage Péladan : une métisse abyssinienne, superstitieuse et ignorante, pouvait être très fière d'avoir pour mari un homme aussi extraordinaire qu'un mage qui faisait des miracles... de prestidigitation et de cinématographie.

— Ainsi, s'écria-t-elle, quand Taki-Data eut

10

fini, ainsi le capitaine a le pouvoir de changer
une personne en bête.

— Nous en avons été témoins.

— Tant mieux !

Si j'ai des ennemies, il les changera en truies
pour les punir.

On se mit à rire.

Castarel demanda :

— Voulez-vous voir, ce soir, mon griot changé
en crocodile ?

C'est sa nuit de rivière.

Vous lui parlerez.

— Je veux bien ! dit-elle.

Comme ça doit être drôle !

Elle battit des mains.

Mlle de Pelhouër s'amusait beaucoup, mais
elle ne le faisait pas voir.

Mme Santarelli croyait à cette métempsycose
et pour cause.

Les deux Taki y ajoutaient une foi aveugle,
la foi du charbonnier.

On finit de dîner : puis on alla voir le griot
par la petite fenêtre de sa tente, éclairée par une
lanterne, comme le font les voyageurs, car les
insectes, en voletant, éteindraient une bougie
non protégée.

Castarel entra dans la tente et, donnant
un léger coup de pied au griot qui poussa un
gémissement parfaitement imité, il lui demanda
d'un air railleur :

— Eh bien, sale bête, as-tu bien dîné au moins.

— Le chevreau que vous m'avez donné était très bon, dit le griot, du fond de sa gueule de crocodile.

Mais il était dépouillé.

— Eh bien, ça ne te va donc pas qu'il ait été dépouillé ?

— Un crocodile mange une bête avec sa peau et son poil.

— Tu es trop exigeant !

Tu sais bien que nous nous servons des peaux de chevreau : nous les utilisons.

Ça ne t'empêchera pas de faire tes farces cette nuit en rivière.

— Oh ! je vais bien m'amuser.

Avant de vous en aller, capitaine, soufflez la lampe, s'il vous plaît.

Je vais dormir encore un peu avant d'aller en rivière.

— Bon !

Me voilà ton domestique, maintenant.

Sur ce, il éteignit la lanterne et il sortit de la tente

A Mlle Granger :

— Eh bien, vous l'avez vu ?

— Oh oui ! fit-elle.

C'est beau d'avoir un pouvoir comme celui-là !

Elle était au comble de l'admiration.

Castarel la remit aux mains de Mme Santarelli et il alla se coucher.

Il était enchanté de la tournure que prenaient
les choses.

Le lendemain, mariage !

CHAPITRE XIV

LE MARIAGE D'UN MAGE

LE lendemain, coups de canon à la diane, fanfares d'olifants, grande joie et grand remue-ménage au camp.

On avait préparé l'autel ; tout se passa comme pour le précédent mariage, celui de Santarelli.

Je passe sur les repas, sur les danses, sur la fugue du marié et de la mariée et j'arrive au lendemain de noce.

Drôle pour la mariée !

Ou plutôt, pas drôle.

Castarel l'a endormie avec une tasse de thé au laudanum.

Puis il l'a fourrée dans la peau du crocodile qu'il a lacée avec soin.

Il a placé la tête de façon à ce que les yeux de la jeune femme fussent bien en face des paupières vides du crocodile.

Puis il a lié les pattes de derrière et rendu impossible, par un ligotage, que la jeune femme pût se lever.

Il attendait.

Elle s'éveilla enfin.

Soupirs !

Baillements !

Mal de tête.

Vains efforts pour se remuer.

Castarel riait.

Enfin, il demanda :

— Ma petite Dora, m'entends-tu ? Es-tu réveillée ?

— Où suis-je donc ? demanda-t-elle.

— Dans ma tente.

— Pourquoi ne puis-je bouger ?

— Parce que tu étais très méchante.

Tu voulais me manger de caresses, disais-tu ; mais tu étais effrayante.

Ne t'effraie pas et écoute-moi.

Il se mit à chanter :

> *Souvent femme varie,*
> *Bien fol est qui s'y fie !*

Tu comprends, ma petite Dora, qu'un mage ne doit pas être ridicule et je le serais si tu cessais de m'aimer un jour.

Pour bien te montrer mon pouvoir, je t'ai changée en crocodilesse.

— Ah mon Dieu !

— Tranquillise-toi !

Tu vas redevenir femme.

— Mais, mon ami, je n'aimerai jamais que toi.

— Tu feras bien.

Si tu cessais, tu serais métamorphosée en crocodilesse.

Il prit un miroir et le mit devant ses yeux ; elle se vit.

— Quelle horreur ! s'écria-t-elle, je t'en supplie, fais la conjuration pour que je redevienne femme.

— Garde le plus profond silence ! ordonna-t-il.

Sa boîte truquée, ses appareils étaient là, tout prêts.

Avec son appareil électrique, avec les flammes du Bengale, il obtint des effets fantasmagoriques effrayants pour une jeune femme naïve et ignorante.

Enfin, il s'approcha d'elle, l'endormit avec du chloroforme, la débarrassa de la peau de crocodile qu'il cacha, puis il la laissa s'éveiller.

Elle ouvrit les yeux, poussa un cri de joie et lui sauta au cou.

— Toujours je t'aimerai ! s'écria-t-elle.

CHAPITRE XV

LE SIRDAR KITCHENER ET MARCHAND

PREMIERS POURPARLERS

Un jour, à Fachoda, on vit des fumées sur le Nil.

Et la garnison s'écria :

— Des vapeurs !

Des vapeurs !

C'étaient en effet des navires anglo-égyptiens qui remontaient le fleuve.

Ils s'arrêtèrent hors portée de canon et un canot parlementaire se dirigea vers la place.

On juge de l'émotion des Sénégalais et de tous leurs officiers.

Une heure solennelle, dans l'histoire des temps récents, allait sonner.

L'officier anglais mit pied à terre, fut reçu par un des nôtres et conduit, sans avoir les yeux bandés, dans le fort.

Il y vit, avec surprise, une très forte artillerie.

On croyait le fort sans canons et il en avait des plus perfectionnés.

Après échange de saluts, l'officier dit à Marchand :

— Je pense, monsieur, que vous n'ignorez pas que nous avons repris Khartoum.

En conséquence, les rebelles étant mis en déroute et réduits à l'impuissance, Sa Majesté le khédive reprend possession du Soudan égyptien.

Il vous réclame Fachoda qui en fait partie.

Vous voudrez bien remettre cette place, propriété légitime de l'Egypte, aux mains du sirdar qui représente Sa Majesté.

L'Anglais était froid, raide, poli, d'une correction glaciale.

Marchand répondit très énergiquement :

— Capitaine, quand j'ai pris Fachoda, la ville appartenait aux madhistes.

Ils m'y ont attaqué.

Je les ai battus.

Nous avons reçu l'ordre de nous assurer tout le cours du Bahr-el-Ghazal.

Il est à nous.

Je l'ai couvert de postes au-dessus desquels flotte le drapeau français.

Il nous était commandé de prendre Fachoda ; la ville est à nous.

— Commandant, la situation est changée depuis notre victoire d'Omdurman.

— Capitaine, c'est une question diplomatique et je n'ai pas à la résoudre.

Il faut que je consulte mon gouvernement.

— Le sirdar a prévu le cas, et il vous en donnera les moyens.

— Le plus sûr, le plus rapide, serait de permettre à un de mes officiers de descendre le Nil rapidement, de s'embarquer à Alexandrie pour Marseille.

Il reviendrait avec les instructions qui me dicteraient ma conduite.

— Je vais, commandant, en référer au sirdar, et je vous rapporterai sa réponse immédiatement.

On reconduisit l'Anglais hors du fort.

DISPOSITION DU SIRDAR

Le général Kitchener, aujourd'hui lord d'Omdurman, est un vrai militaire et il sait apprécier un soldat.

Très sec, très raide, très *mécanic*, il est une intelligence élevée.

Il admirait Marchand.

Il se rendait compte du désespoir de ce vaillant homme, arrivé au but de l'entreprise la plus hasardeuse, la plus périlleuse de l'époque, et se voyant forcé d'abandonner une conquête due à tant de courage et d'efforts.

Le sirdar fit répondre qu'il laisserait passer l'envoyé de Marchand et qu'il attendrait, lui-même, les ordres de la reine.

BARATIER ET MARCHAND

Nous avons déjà présenté le capitaine Baratier à nos lecteurs.

Castellani, qui fut si longtemps son compagnon dans la grande sylve du Loango, en a tracé à la plume un croquis des plus flatteurs et des plus mérités.

Le capitaine Baratier, de taille plutôt petite, est élégamment, finement charpenté.

L'ossature est parfaite.

La constitution est d'une solidité à toute épreuve.

On croirait, au premier aspect, que le capitaine devrait avoir une santé dolente; il est d'acier.

Il a supporté des fatigues inouïes, compliquées de privations excessives.

Parti en avant avec une pirogue et quelques tirailleurs, pour reconnaître le Bahr-el-Ghazal, il se trouva sans vivres.

La faim, la faim hideuse, le tortura lui et ses hommes.

Il fallut, pour se soutenir, manger des racines malsaines.

Et il fallait pagayer jour et nuit pour rejoindre l'expédition qui allait s'engager dans un cul-de-sac et perdre un temps très précieux dans une mer d'herbes sans issue et infranchissable pour *le Faidherbe*.

Enfin, il arriva à temps, et l'itinéraire fut modifié.

Amaigri au delà de toute idée, réduit à l'état de squelette par la famine, le capitaine Baratier n'en reprit pas moins son service avec une indomptable énergie.

D'un esprit souple et délié, d'une loyauté à toute épreuve, mais clairvoyante, le capitaine Baratier est diplomate.

Ce fut lui que Marchand choisit pour l'envoyer en France.

— Vous ferez tous vos efforts, lui dit Marchand, pour obtenir l'ordre de nous ensevelir sous les ruines du fort, et vous reviendrez y mourir avec nous.

Il revint, mais avec l'ordre de rendre Fachoda aux Anglais.

On sait quelle émotion saisit la France quand elle sentit que si elle ne rendait pas Fachoda, c'était la guerre.

Il nous fallut rendre Fachoda et Baratier en rapporta l'ordre.

BONS RAPPORTS

Le sirdar, il faut lui rendre cette justice, sut patienter avec courtoisie.

Il fit connaître à Marchand à quel point il l'estimait.

Il l'invita à son bord.

Marchand ne pouvait guère refuser et il accepta, le cœur saignant.

Le sirdar lui dit qu'il allait être appelé en Angleterre et qu'il ferait tout son possible pour apaiser les esprits et empêcher la guerre d'éclater, et il tint promesse.

Dans la presse anglaise, où l'on manque de bonne foi absolue, on déclara que Marchand et les siens étaient affamés, dépourvus de tout et tombés au dernier degré de la misère.

Le sirdar avait dû fournir des vivres à l'expédition.

Or, les Chillouks, bien payés, approvisionnaient largement le fort, dont les champs et les jardins produisaient beaucoup d'excellents fruits et de bons légumes, dont Marchand rafraichit très gracieusement la table du sirdar.

Bien mieux !

Il avait assez de vivres pour, au moment de son départ, en être trop chargé ; il abandonna vingt caisses de farine.

Donc, mensonge anglais.

Et à quoi bon ?

Le mensonge fut démenti.

Mais l'expédition eût-elle été réduite à l'état de misère que l'on prétendait, qu'est-ce que cela aurait prouvé.

Marchand et ses compagnons en auraient-ils été moins glorieux ?

Mais l'Anglais est tellement peu chevaleresque, il est si épris du confortable, qu'il ne peut estimer que des héros portant de bons uniformes et chaussant des souliers neufs.

Que l'on se souvienne de Stanley, rencontrant M. de Brazza.

Il a écrit avec mépris :

« Je vis un homme en guenilles, allant nu-pieds, presque sans escorte et de très piètre apparence.

« J'en eus pitié. »

Et il donna à entendre que cet explorateur pouilleux déshonorait la race blanche aux yeux des nègres.

Je ne suis pas suspect de partialité en faveur de M. de Brazza.

J'ai jugé durement son administration au Congo français.

Mais, comme explorateur, il a été vraiment admirable.

Stanley n'a marché qu'à coups de bank-notes (crédit illimité).

M. de Brazza a fait ses conquêtes pacifiques, avec une somme dérisoire.

Le monde entier a fait la différence entre les deux *conquistadors*.

Elle est est tout à l'avantage de M. de Brazza.

Est-ce que les immortels soldats de la Révolution

Nu-pieds, sans pain, sourds aux lâches alarmes
n'étaient pas les premiers soldats du monde ?

Mais il fallait déconsidérer Marchand aux yeux du monde.

Qu'ont-ils trouvé ?

Ils l'ont appelé miséreux.

Noble injure !

Ils l'ont grandi.

Mais comme ce trait peint bien le tempérament anglais !

De la considération pour un pouilleux sublime !

Jamais.

Parlez-moi d'un gros épicier, gras, dodu, bien mis, coté un million.

Oh ! celui-là, on le salue bien bas !

L'ORDRE DE DÉPART

Non seulement Marchand devait évacuer Fachoda, mais il lui fallait ou revenir par le Bahr-el-Ghazal et le Congo, ou traverser toute l'Abyssinie.

A aucun prix, il ne voulait revenir en France sur un vaisseau anglais.

Il remit donc la place aux mains du sirdar et s'embaqua sur le *Faidherbe* pour remonter le Sobat, la rivière abyssinienne aussi haut que possible.

C'en était fait, Fachoda était anglais.

LES ADIEUX DE M. D'USSONVILLE

Dès que Baratier eut télégraphié qu'il revenait avec l'ordre d'évacuation, M. d'Ussonville jugea sa présence inutile à Fachoda.

Il fit ses adieux à Marchand.

— Je vous vengerai ! lui dit-il.

On verra comment il tint parole.

CHAPITRE XVI

L'ENVOYÉ DU MADHI

En l'absence de M. d'Ussonville, il s'était passé au camp un incident d'une très grande importance.

Un envoyé du Madhi était arrivé bien escorté se réclamant du mage Castarel.

C'était ce ministre du palais qui avait toute la confiance du Madhi et que celui-ci avait envoyé à Castarel lors dé son séjour à Khartoum et à Omdurman.

Castarel reçut très bien le ministre et il chargea les Sénégalais de traiter l'escorte, ce qu'ils firent avec empressement.

Presque tous musulmans, ils s'entendirent très bien avec les derviches.

Quant au ministre, en dînant avec Castarel, il lui révéla le but de sa mission.

— Le calife, lui dit-il, te connaît comme mage et t'estime.

Tu es aussi un homme de guerre, et il nous est revenu par des caravaniers, un bruit d'après lequel tu aurais vaincu le sultan du Maroc en plusieurs rencontres.

Castarel frappant sa table à trucs du plat de sa main :

— Je l'ai battu à plate couture.

Modestement... à la façon des Marseillais.

— Le calife ne se trompe pas, je suis un grand général.

— Il le sait.

Les derviches aussi le savent.

Ils ont demandé que tu sois le sirdar du calife.

— Obéiront-ils ?

— Aveuglément.

Tu acceptes ?

Si c'est oui, laisse à un autre le commandement de ton camp et tu viendras avec moi tout de suite.

Les volontaires accourent et ils nous refont une grande armée.

Castarel secoua la tête et dit :

— Il y a un plus grand général que moi qui est aussi mage.

C'est mon commandant.

Il se nomme d'Ussonville.

C'est lui qu'il faut nommer sirdar.

Il rejoindra l'armée madhiste avec ses amazones que vous monterez de bons chevaux, avec ses cavaliers abyssiniens qu'il a armés de fusils terribles, avec ses obusiers et ses mitrailleuses.

Cette artillerie sera tirée par de bons che

vaux et tous les artilleurs seront à cheval avec des valets pour tenir les chevaux pendant le combat.

Il faudra aussi des valets, un pour quatre, aux amazones et aux Abyssiniens, car il leur faudra mettre pied à terre pour que leur tir soit juste et assuré.

Crois-tu que le calife acceptera ces propositions ?

— Il serait bien fou si il ne les acceptait pas avec enthousiasme.

— Moi, je réponds que M. d'Ussonville consentira à être sirdar.

Le ministre était au comble de la joie et il s'écria :

— Allah Akbar !

(Dieu est grand).

Dans notre malheur, il nous envoie deux mages pour nous sauver.

— Mais il faudra écouter leurs conseils et exécuter leurs ordres.

— Les derviches ne sont plus ce que tu les a connus.

La bataille d'Omdurman leur a tiré des veines beaucoup de sang ce qui les a guéri de la fièvre et du mal *de la grosse tête* (l'orgueil).

Je leur ai dit ce que tu conseillais de faire et ils reconnaissent que tu avais raison ; ils veulent que tu les conduises désormais au feu contre les Anglais.

— Eh bien, nous irons.

Mais le sirdar sera mon commandant, sinon rien de fait.

— Entre nous, est-il plus grand mage que toi, le commandant ?

Castarel prit un air scandalisé.

— Quelle question, s'écria-t-il.

Comment peux-tu la poser ?

Le commandant descend d'un des trois mages qui vinrent adorer dans Aïssa (Jésus) le second Madhi de l'humanité, le Messie des juifs.

Moi, je suis le descendant de l'écuyer de ce roi mage.

— Ces juifs ! fit le ministre.

Dieu leur envoie un Messie et ils le crucifient !

Aussi, nous leur en faisons des misères à ces Youdis (descendants de Judas).

Mais est-ce que le commandant tardera à arriver ici ?

— Non.

Sur cette assurance le ministre alla se coucher content.

CHAPITRE XVII

D'USSONVILLE SIRDAR

Dès son retour, d'Ussonville déclara au ministre du Madhi qu'il allait partir avec sa troupe pour rejoindre l'armée des derviches en voie de nouvelle formation.

Il avait ramené toute son artillerie et une partie de celle de Marchand qui n'avait conservé que deux petits obusiers et deux mitrailleuses pour la sûreté de sa troupe, pendant le voyage à travers l'Abyssinie.

Cette artillerie constituait une grosse force pour l'armée madhiste

Enlevée au galop par les excellents petits chevaux soudanais, les servants et les pointeurs à cheval, elle pourrait se porter rapidement en bonne position.

Elle serait gardée par le corps des amazones à cheval et par les Abyssiniens en état de mettre pied à terre instantanément, laissant leurs chevaux aux mains des valets à cheval.

On sait qu'un homme peut tenir cinq chevaux en mains.

Du reste, pour plus de sûreté, chaque cheval portait une entrave, facile à boucler au pied droit de devant et à celui d'arrière, ce qui le forcerait à se tenir tranquille.

Dans son puissant cerveau, en route, d'Ussonville médite tout un système d'organisation.

A l'arrivée, il fut reçu par des acclamations frénétiques.

Les derviches se disaient :

— Les mages nous sauveront.

Le calife, prévenu par courrier était monté à cheval.

Il fit à d'Ussonville un chaleureux accueil ; mais celui-ci voulait, dès le début, frapper l'esprit des soldats du Madhi.

Il fit sortir des rangs un de ses canons-revolvers et lui fit tirer, en feu rapide, tous ses projectiles.

En six secondes, un révoluteur chargé remplaça le vide que chargèrent les servants et le feu continua, mais à si longue distance que l'on voyait à peine tomber les obus ; un peu de fumée, c'était tout.

Puis une mitrailleuse cracha ses balles et l'armée applaudit.

Le calife sentit que c'était le salut que lui apportait d'Ussonville.

Du haut de son cheval, il récita le *Credo* musulman, en en modifiant la fi...

Allah Akbar.

(Dieu est le plus grand)

Allah y Allah

(Allah est le seul Dieu)

Mahomet resoul Allah

Mahomet est l'envoyé de Dieu

Mais au lieu de terminer en criant :

Aïa el salat

(Venez au salut)

Il dit :

Chouf el salat

Regardez le salut

Et il montrait d'Ussonville devant lequel toute l'armée se prosterna trois fois en lui criant :

Tu es notre sirdar.

C'est ainsi que d'Ussonville devint le général en chef des madhistes.

Il réalisait le rève du marquis de Morès.

CHAPITRE XVIII

L'ARMÉE DE CADMUS

D'Ussonville, au lieu d'adopter le système des régiments, ne voulut que des escadrons de trois cents lances et des bataillons de cinq cents fusils, ceux-ci à quatre compagnies de cent vingt-cinq hommes.

Les amazones furent, avec les Sénégalais, réparties pour servir d'instructeurs.

Elles ne devaient enseigner que le stricte nécessaire pour marcher en ordre, former le carré, se disposer en tirailleurs.

Le maniement d'armes, les formations de parade, les conversions absolument correctes qui exigent tant de temps pour qu'une troupe puisse les exécuter, tant de mouvements inutiles à la guerre furent supprimés.

Rien que l'indispensable.

En dix jours, le chaos que présentait l'armée fut débrouillé.

L'ordre s'était fait.

Le bivac présentait un aspect très régulier;

chaque bataillon occupait sa place derrière sa ligne de faisceaux.

L'artillerie était répartie entre les bataillons, les servants campés derrière chaque pièce.

La cavalerie était aux deux ailes.

On sentait qu'une main ferme tenait vigoureusement le bâton de commandement.

Ce camp avait un aspect très militaire et très fort.

Le matin, toute l'armée prenait les armes et exécutait une marche en bataille; puis elle se couvrait de tirailleurs, chaque compagnie fournissant les siens, les soutiens et les réserves se couchant à plat ventre.

Puis toute l'armée apprenait à prendre des formations très simples.

D'Ussonville remarqua les chefs de bataillons les plus intelligents et il en fit des généraux donnant à chacun cinq bataillons ou cinq escadrons à diriger.

Après ces grands déplacements, on s'exerçait aux détails pendant l'après-midi.

Tous les jours on pratiquait le tir à la cible, l'homme étant couché.

Quand, ayant organisé un service d'approvisionnements, mis sous l'autorité et la responsabilité d'intendants intelligents, d'Ussonville mit les troupes en marche sur Khartoum, on jugea bien que, d'une cohue, il avait fait une armée.

Dès la première étape, l'ordre fut admirable;

les corps d'armée européens n'auraient pas montré plus de discipline.

Ces fanatiques avaient compris que, sans la discipline, il n'y avait pas d'armée et ils s'y soumettaient avec zèle.

Voyant ce qu'en vingt-cinq jours d'Usson-ville avait fait des madhistes, Castarel s'écria :

C'est l'armée de Cadmus.

Le commandant a frappé du pied le sol du Kordofan et il est sorti des soldats.

CHAPITRE XIX

DÉSASTREUSE CAMPAGNE DU COLONEL KITCHENER

LE sirdar Kitchener, aujourd'hui lord Omdurman, a un frère dont, par son crédit, il a fait un colonel de l'armée anglo-égyptienne, acte de favoritisme que le sirdar vient de payer très cher.

Pour mettre son frère en vedette, le sirdar le plaça à la tête des forces qu'il laissait dans le Soudan.

Avec le reste de l'armée, il regagna la Basse-Egypte.

Dès que sa retraite fut définitive, le colonel, son frère, eut sur les bras une cavalerie entreprenante, audacieuse, qui partout enlevait les petits postes et les convois de ravitaillement.

Elle pillait et rançonnait les alentours de Khartoum.

C'étaient les lanciers madhistes et abyssiniens qui entraient en scène.

Le colonel apprit que si cette cavalerie se montrait si hardie, c'est qu'elle était soutenue par une armé madhiste campée à peu de distance de Khartoum.

Le sirdar résolut de remporter sur elle une victoire facile (c'était sa pensée) qui serait le pendant de celle d'Omdurman.

Et lui aussi serait lord.

Les madhistes ne tiendraient pas mieux que la première fois.

A dire vrai, cela paraissait plus que probable.

Le colonel n'avait que des Egyptiens; mais ceux-ci étaient aguerris, exaltés par la victoire et commandés par des Anglais.

Avec l'artillerie, on mettrait facilement en fuite les derviches.

Si le colonel avait été un observateur, il aurait été frappé par la tactique des escadrons du Madhi, bien dressés par les cavaliers abyssiniens, qui manœuvrent tout aussi bien que les cavaliers européens.

Rien que la formation en escadrons aurait dû donner l'éveil au colonel.

D'autre part, à tout prix, il aurait dû faire espionner de plus près l'armée du calife; il aurait su alors dans quelle forte situation elle se trouvait.

Elle occupait un plateau dominant devant lequel Santarelli avait fait creuser des tranchées profondes mais sans relief, car on avait esplanadé les terres des déblais.

Si bien que toute l'infanterie du Madhi était couverte.

Armée de longs fusils soudanais à petit calibre, à canons d'un mètre cinquante de long, fusils qui portent à sept cents mètres, fusils devant fournir un feu juste au posé, cette infanterie pouvait opposer aux Egyptiens une très forte résistance.

Et que pouvait le feu rapide des Egyptiens contre des tranchées ?

Peu de chose.

Voilà ce que le colonel n'avait pas su faire reconnaître.

Il forma son corps expéditionnaire, laissant peu de monde à Khartoum, et il se mit en marche.

La cavalerie disparut comme par enchantement, ce qui parut un indice favorable ; on était débarrassé.

Les escadrons madhistes allaient renforcer les tranchées du calife.

Les chevaux allaient être cachés derrière le plateau ; les cavaliers à pied concourraient à la défense des fortifications.

Les Abyssiniens devaient se joindre aux amazones.

D'Ussonville, avec le calife, commandait le camp.

Castarel était chargé, avec toute l'artillerie, les amazones et les Abyssiniens, de faire une diversion sur le flanc droit des Egyptiens.

Il était embusqué pour cela.

Kitchener arriva devant la position et fut étonné de ne rien voir.

Il envoya des cavaliers reconnaître et ils furent reçus à coups de fusil.

Le colonel fit canonner les tranchées ; mais le tir fut incertain ; aucun relief de terre n'indiquait l'endroit précis où se trouvaient les fossés au fond desquels se cachaient les madhistes.

Après une demi-heure de bombardement inutile, le colonel fit avancer son infanterie qui, arrivée à portée, subit un feu violent ; elle commit la faute de s'arrêter pour riposter...

Mais la partie était inégale.

Les madhistes voyaient et visaient ; les Egyptiens ne voyaient rien.

Un vent d'arrière violent poussait la fumée en avant des tranchées qui s'en trouvaient masquées.

Les Egyptiens tirèrent trop bas.

Déjà ils avaient perdu beaucoup de monde.

Tout à coup deux troupes à cheval et de l'artillerie à cheval parurent sur le flanc droit et, d'une façon foudroyante, s'établirent à quinze cents mètres de l'aile qu'ils menaçaient.

La cavalerie et les servants mirent pied à terre.

L'artillerie foudroya les Egyptiens, les mitrailleuses les fauchèrent, la fusillade les cribla et le colonel Kitchener ordonna aussitôt la retraite.

Elle fut désastreuse.

Elle s'opéra sous le feu d'une nuée de tirailleurs sortis des tranchées et sous celui de la troupe de Castarel.

Si la nuit n'était pas survenue, le colonel aurait perdu tout son monde.

Il en laissa les deux tiers sur le carreau et ne rentra, à marches forcées, dans Khartoum, qu'avec une poignée d'hommes.

Tous les journaux ont raconté ce premier désastre, première revanche des madhistes.

Et la campagne continue.

MARCHAND EST VENGÉ.

Lire la semaine prochaine

LA MISSION MARCHAND
EN ABYSSINIE

Par **Louis NOIR**

Prix du volume complet **30** centimes

TABLE DES MATIÈRES

IMP. CH. LÉPICE, 10, RUE DES COTES, MAISONS-LAFFITTE